W0000831

25 STORIE VERE per capire I NOSTRI RAGAZZI

a cura di
Katia Lanosa e Claudio Corda

Progetto e realizzazione grafica **Renna Graphic**
renna.graphic@libero.it

Ha collaborato **Giulia Petrozzi**

Edito da:
EDITUTTO Piazza Volta, 7 - Bologna

Stampa:
Tipografia Negri - Bologna

Prefazione di Fabio Raffaelli

Un tempo si chiamava collaborazione. Oggi impera il termine sinergia che, in estrema sintesi, sancisce quanto sia importante, in tutti i campi, il lavoro di squadra. Che spesso ottiene risultati superiori a quello dei singoli. Non un punto di vista, insomma, ma più punti di vista, non la genialità individuale ma il lavoro, complesso e produttivo (ma anche più meditato) di un team. Questo volume nasce dall'incontro di professionalità diverse che, nel corso dei mesi, diventano complementari, indispensabili l'una all'altra. Katia Lanosa, la prima protagonista di questo insolito gruppo di lavoro, di professione fa l'avvocato. Nel corso della sua sfaccettata carriera ha scelto un settore ben preciso: matrimonialista con un'ampia visione su tutti gli argomenti che coinvolgono la famiglia. Naturale quindi, per lei, occuparsi di giovani, troppo spesso vittime nel contesto di famiglie fragili e disperate, di genitori immaturi, troppo occupati da mille veri (e falsi) problemi per poter dedicare l'attenzione dovuta ai loro figli. Claudio Corda, il secondo 'attore', da sempre dedica la sua attenzione all'Arma. Un lavoro che svolge con professio-

nalità, passione, ma soprattutto umanità e che lo porta spesso a confrontarsi con le emergenze dei nostri tempi. Il carabiniere di oggi è un professionista preparato, per metà tutore dell'ordine, per l'altra metà psicologo, confessore, amico. Una volta sarebbe stato impensabile, oggi figure come quella di Claudio entrano nelle scuole e riescono a captare disagi e, il più delle volte, a ricomporre scenari sconvolti. I ragazzi si fidano dei carabinieri, in sostanza, li percepiscono come interlocutori attenti e al passo coi tempi, frequentano con disinvoltura i convegni e i seminari da loro organizzati.
Un mix come quello che vi abbiamo presentato in queste poche righe non poteva che portare a un risultato insolito e accattivante come questo '25 storie vere'. Frutto di un lavoro corale, di un'intesa, di una comunanza d'idee che sicuramente produrrà risultati positivi.
Ai lettori giudicare questa 'opera prima' che mette a nudo uno degli scenari più complessi e sconosciuti, quel mondo dei giovani di cui tanto si parla ma che disperatamente chiede di essere capito e compreso.
Sono loro. Loro, i ragazzi assonnati che vediamo ogni mattina alle fermate dell'autobus, quelli che si atteggiano, all'uscita di scuola, per farsi belli davanti alle ragazzine, cresta alla El Shaarawy e tatuaggio d'ordinanza. C'è chi passa accanto a loro e brontola per il troppo chiasso, per il turpiloquio gratuito ed esibito, per la sfacciataggine di alcuni, maschi o femmine poco importa.
Pochi si chiedono chi siano realmente, quali siano i loro pensieri, le loro aspirazioni, le loro

incertezze in questo mondo che sembra sgretolarsi ogni giorno di più.
Basterebbe pensare che sono ragazzi veri e non marziani.
Ragazzi che vorrebbero essere e ancora non sono. Racchiusi nel bozzolo di quindicenni, con le ali che già fremono per la gran voglia di spiccare il volo.
Sono ragazzi, figli, nipoti che raccontano la loro storia, che tentano disperatamente di mettere in guardia la società attraverso messaggi che

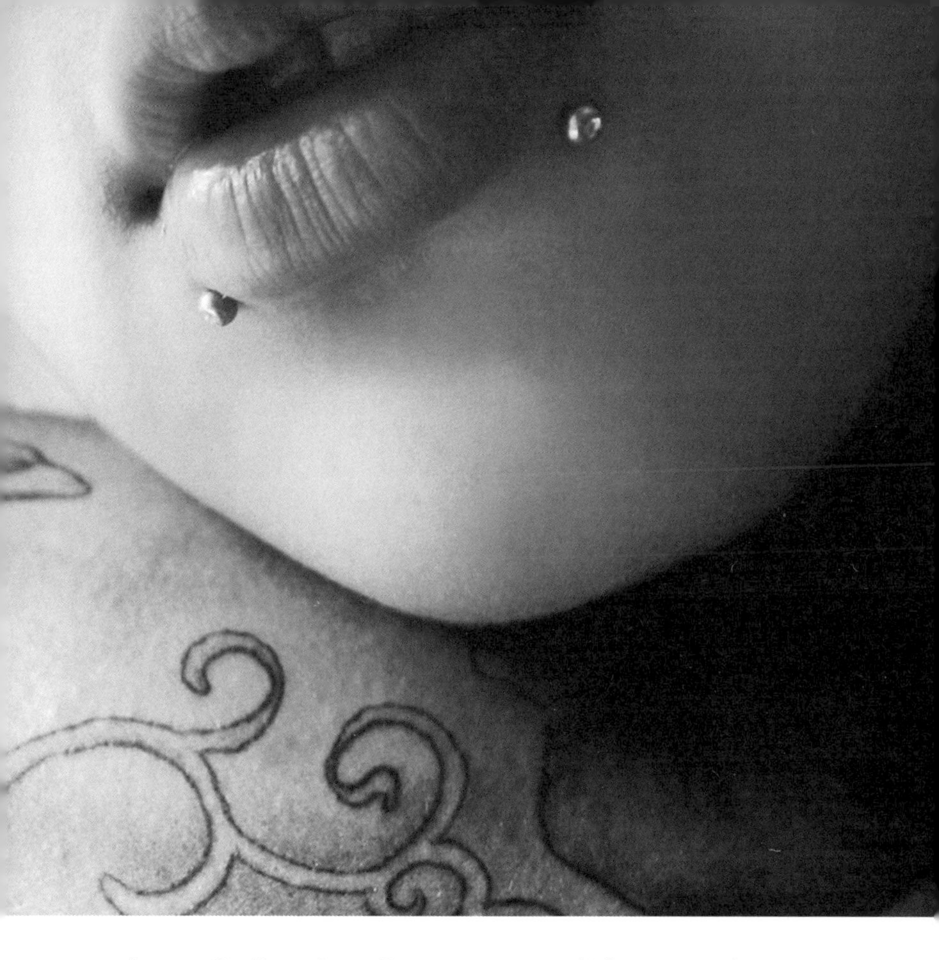

parlano di disagio, di vergogna, di 'assenze'. Genitori troppo impegnati, a volte incapaci di far fronte ad uno dei mestieri più complessi e impegnativi che la vita possa metterci davanti, finiscono così sul banco degli accusati. Perché distratti, lontani, incapaci di regalare quel po' d'affetto che un giovane domanda.
Frasi che la dicono lunga, in questo volume, contro insegnanti, presidi bacchettoni, giornalisti che sentenziano, sondaggisti saccenti, tutti quelli insomma che non trovano più il tempo

CORE TE

per approfondire, se non almeno accennare, una bozza di dialogo.
I loro scritti, qui presentati in forma narrativa, sono veri al cento per cento, come vera è ogni loro azione. Il linguaggio è telegrafico come una raffica di SMS. Che punta però sempre al cuore ma anche alla testa, per farci ragionare, noi adulti, e crescere.
Si lamentano, i giovani, di esser troppo spesso esclusi dal dibattito, relegati in stereotipi (il buono, il brutto, il cattivo) che mettono solo in evidenza, questo sì, la superficialità di chi li conia. Mentre il loro mondo è grande, immenso verrebbe da dire, grazie anche alla Rete, madre matrigna di questo Terzo Millennio.
L'universo giovanile 'catturato' in questi racconti ci parla, purtroppo, di quindicenni (ma anche più giovani) catapultati troppo presto in una realtà ostile se non minacciosa. Piena di trappole, più o meno virtuali, di tranelli orchestrati dai 'grandi' per strappare quel briciolo d'ingenuità e purezza così prezioso negli anni più teneri.
Una società che non sa proteggere i propri giovani è sicuramente una società drammaticamente imperfetta. E la prova viene da questi venticinque messaggi firmati, ognuno come un indice puntato contro chi non ha saputo creare una 'zona franca' dove sia ancora possibile sognare e sperare, dove non sia permesso sporcare impunemente tanta beltà.
Giovani cresciuti a pane e tv, dicono gli esperti. Con programmi che, a qualsiasi ora del giorno e della notte, raccontano di 'baby prostitute' che vivono di griffe e cocaina, di mamme

compiacenti e complici, di 'ragazze doccia' che scambiano il loro corpo con l'ultimo smartphone o di rave party dove tutto è lecito. Compreso farsi del male.

Se finiscono sui giornali, i nostri ragazzi, è perché 'hanno perso i valori', perché non credono più in nulla, perché vittime del consumismo dilagante.

E a chi toccava, se non a noi adulti, proteggerli da tutto questo? Perché prendersela con Internet, Facebook, quando i 'mezzi' glieli abbiamo

regalati noi, infiocchettati per Natale, senza nemmeno perdere un istante per informarli sui rischi?
Leggendo questi racconti dei 'ragazzi della porta accanto' cercate di non ergervi a moralisti, giudici o altro. Pensate soltanto, nel vostro piccolo, a come ricostruire queste gioventù bruciate. Non viviamo sempre in un film. Il lieto fine ce lo costruiamo giorno per giorno. C'è molto da rimediare e la colpa, scusate se mi permetto, è di noi tutti.

Lo stradone

Mi ero chiesta tante volte cosa volesse dire aver paura. Non di volare, della velocità, di un incidente. No, parlo di paura come di un qualcosa che ti consuma, che ti rode dentro, che non riesci nemmeno a descrivere tanto difficile è trovare le parole. Paura come un senso di vuoto, come un momento in cui non c'è nessuno accanto per poterti aiutare. E tu, quattordicenne che appena ti lasciano andare a qualche festa, una ragazzina che guai se non hai il cellulare 'perché sennò come facciamo a sapere dove sei' ecco che ti ritrovi alle prese con qualcosa più grande di te, così difficile da condividere. Se non con un'amica con la quale, magari, hai condiviso un momento che non ti saresti mai aspettata di vivere. Sì, lo vedi in tv, ma a me che può succedere dalla palestra a casa? Certo, c'è stata quella ragazzina che hanno ritrovato in un campo, anche lei andava in piscina o a far ginnastica, mi pare. Ma io sono con Carlotta, l'amica di sempre, chi può farmi del male? E' proprio perché stiamo incollate dalla mattina alla sera che i nostri stanno tranquilli e ci lasciano uscire, anche se poco per i nostri gusti.
Paura. No, non avevo paura l'altro pomeriggio quando sono uscita di casa. Pioveva, fitto. Ma

ero contenta di quell'ora di ginnastica, a rompere un pomeriggio, di noia, di telefonate che non arrivano. Poi c'è Carlotta, con lei il tempo vola. Lei è più brava di me in tutto. Ma non fa niente. Che differenza ci potrà mai essere, poi, in palestra quando ripetiamo cento volte, insieme, gli stessi esercizi? I sessanta minuti di oggi passeranno in un attimo.
Magari finiamo anche prima, così c'è il tempo

di guardare qualche vetrina tornando a casa. Lei mi fa vedere, negli spogliatoi, la tuta che le hanno appena regalato.
Regalato, insomma se l'è pagata lei con qualche ricarica in meno e sua madre che ha messo il resto.
A me piace girare per strada con lei. È magra, non troppo ma come vorrei essere io. Lei attacca bottone con tutti, a volte forse esagera.

È spigliata, ci sa fare, incanta me ma anche tanti altri. Ragazze e ragazzi, non importa.
'Dobbiamo passare dallo stradone' mi dice.
I miei non vogliono che passi dallo stradone. C'è poca luce e poi stasera piove. E si vede ancora meno. Lei insiste perché è l'unica strada per arrivare ai portici con le vetrine. Sennò dobbiamo fare il giro lungo e non arriviamo più. Vabbè, è già successo qualche volta. E non ci è capitato niente. Ci incamminiamo veloci. C'è poco traffico. Solo qualche auto.
Alle nostre spalle sento una macchina che rallenta, poi ci viene accanto, non mi giro verso l'auto ma sento il rumore, come un fischio, del finestrino che si abbassa. E lì comincia la paura. Non c'è un motivo preciso ma mi irrigidisco. Lui, perché è un uomo al volante, ci chiede che strada deve fare per arrivare in un certo posto. Noi lo sappiamo benissimo come si fa ad arrivare in quella via ma gli rispondiamo che non siamo della zona. Lui ride, ride ancora di più, come fosse a teatro.
'Con lo zainetto della palestra? E non siete di qui?'. Ride ancora. Avrei voglia di correre ma Carlotta tiene il passo e io non riesco a staccarmi da lei. Adesso lui si rivolge direttamente a me: 'Lo sai come si guadagnano cinquanta euro – mi dice – facili facili?'. Ferma l'auto, scende, noi ci blocchiamo sul marciapiede. Non passa nessuno. Lui mi sfiora un braccio e mi guarda dritto negli occhi: 'Cinquanta se lasci la tua amica – continua sorridendo – se soltanto vieni a fare un giretto con me'. Carlotta, che è più svelta di me in tutto, fa un passo indietro e lo guarda decisa. Non capisco più niente, ho

troppa paura, le gambe e la testa bloccate, paralizzate. Sento solo un 'vaffa' deciso, un 'ma non ti vergogni?' poi Carlotta mi tira per un braccio e mi spinge verso le luci. Lui resta lì sotto la pioggia, come un vero stronzo.
Non sapevo se dovevo parlarne a casa anche perché c'era in ballo la storia dello stradone. E non avevo voglia di sentire le solite balle tipo 'ma perché dovrei fidarmi di te?' oppure ' te l'ho detto mille volte'. Poi decido di parlare, gli occhi bassi, anche perché mi sento offesa, arrabbiata per quegli attimi che non avrei mai voluto vivere. Forse così la paura mi passa un po'.

I ridicoli

"Perché non c'eri oggi?"
"Son stata male tutta notte... lascia stare. Stamani non mi reggevo in piedi..."
"Peccato..."
"Perché?"
"Perché ti sei persa l'ultima puntata, quella più bella..."
"Sempre della storia di Facebook?"
"Sì, proprio quella..."
Era stata una stupidata, una leggerezza. Come definirla diversamente? Valeria che torna a casa, stanca, il brutto voto, una marea di compiti che intasano tutto il pomeriggio. Uscire impossibile, stare al telefono tanto meno, visto che tutti entrano ed escono dalla camera, arrabbiati, sbuffando. Come se non ci fossero stati mai dei 'quattro' nella loro vita. Eppoi solo per il libro che aveva lasciato a casa. Stupida lei, stupidi loro, stupidi tutti. Il mondo intero.
Sarà stato anche per questo. Per quel fastidio diffuso, per la voglia di prendersela con qualcuno. E allora giù un 'post' di quelli che bruciano. Un po' di pepe per ravvivare un pomeriggio grigio, nulla più.
Contro chi? Ma sì, quei due che da settimane le girano intorno, le danno fastidio. Due che han-

no paura della loro ombra, che ridacchiano appena lei li guarda. Fanno gli stupidi, insomma. Come tanti ma loro più insistenti, più noiosi, più ridicoli.
Ecco, ridicoli, questa la parola giusti. E perché non sputtanarli un po' su Fb, così magari vanno a dare fastidio a un'altra?
Detto fatto. Il caos, c'era da giurarlo.
Valeria entra in classe, il prof ancora non c'è. Subito le si avvicina Gloria. Parla piano, sottovoce, quasi non volesse farsi notare. "Ma che hai fatto? Quelli adesso te la fanno pagare. Li stanno prendendo in giro tutti per quello che hai scritto. In classe ridevano a crepapelle. E loro non sapevano come rispondere, come reagire... Hanno detto che 'ridicola' sei tu e che sanno come farti rimangiare tutto..."
Per tre giorni, a scuola, non si parla d'altro. Poi arriva la storia del fidanzatino di Marta e tutti si dedicano alla nuova coppia. Che fanno, fino a dove arrivavano, dove vanno per stare in pace e fare le loro cose.
Valeria è agitata. Loro, i 'ridicoli', le girano intorno come sempre. Ma stavolta non ridono, non si incoraggiano a vicenda con le pacche sulla spalla di un tempo. Adesso sembrano corvi. Da due metri, a denti stretti, le sibilano minacce, insulti, di nuovo minacce.
Lei non sa che fare. Va dalla preside. "Ho fatto una scemata, loro non mi mollano". Racconta tutto, come un fiume in piena. Buffa la preside. Fa mille cose, sembra che non ascolti. Scrive al computer, risponde al telefono, manda un messaggio. Da quando la segretaria è malata fa tutto lei, ci manca che pulisca per terra.

"Lo sai come la penso... usate Facebook come fosse una clava, poi vi pentite. Che cosa vuol dire non volevo qui, non volevo là? L'hai fatto e basta. Li hai resi ridicoli e loro, in qualche modo, vogliono fartela pagare. Li tengo d'occhio, stai tranquilla. Non posso certo denunciarli per due parolacce...".
Respira, Valeria, respira. Dieci minuti di tranquillità. Ma dietro, nel cortile, proprio mentre apre la catena della vespa, li sente arrivare. C'è un prof alla finestra. Fuma e guarda in alto. Vorrebbe chiamarlo, chiedere aiuto. Ma lui guarda in basso, distrattamente, poi si ritira. Forse sa tutto e non vuole intervenire.
Loro le sono addosso. Che mani, questi 'ridicoli'. Che pugni. Valeria incassa. Uno, due, un calcio. Finisce a terra. Loro insistono. Non si sente una voce, sembra un film muto. Solo un grande dolore nel costato, una fitta che non passa. Vanno via, missione compiuta.
"Mezz'ora, stamattina, ha parlato. La preside. Costola rotta, il prof licenziato, poveretto era anche carino..."
"E a loro?"
"Dice che perderanno l'anno, che non si manda una ragazza all'ospedale con una costola rotta per un 'post'... Sospesi quindici giorni, poi si vedrà"
"Vaglielo a spiegare, hanno quella testa lì"
"Vieni domani?"
"Adesso vedo. Che avete fatto oggi? Perso molto?"

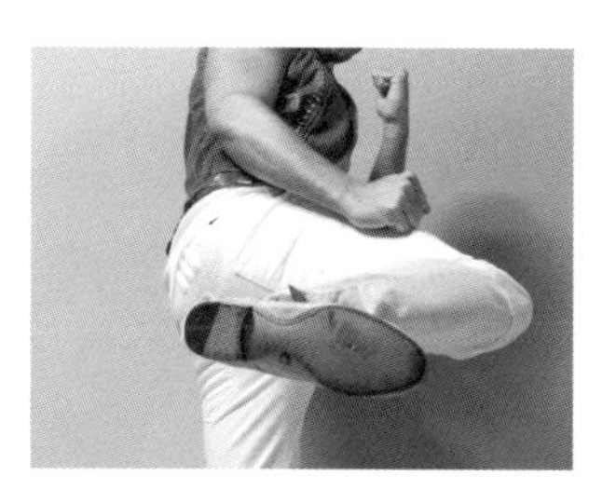

L'armadietto

Cinque - due - zero. Cinquecentoventi. Eppoi io l'ho pagato molto di più. Cinque euro a bolletta. Che fa un numero spropositato di mesi. Nemmeno voglio immaginarli. E adesso che il mio iPhone non c'è più (come quello di Gloria) ogni bolletta sarà una pugnalata. Grazie a quei due, tre dementi che me l'hanno fregato e che ogni volta, ogni bolletta, maledirò.
Lei mi ha chiesto perché portavo un oggetto così prezioso a scuola, perché non avevo uno di quei baracchini da 50 euro, perché me lo sono fatto fregare così facilmente.
Cominciamo da qui. Facilmente? Ma se lei ha un armadietto con la combinazione, in palestra, che cosa pensa? Che il cellulare sta bello sicuro. Meglio che nella mia stanza. E invece loro sono più furbi perché prendono un ferro e se ne sbattono dell'armadietto, se dopo non serve più a nulla, se la scuola (quindi noi) deve ripagarlo. Loro devono 'farsi' un paio di cellulari al giorno e se li fanno. Come un lavoro.
Lo spogliatoio poi è sorvegliato, o almeno dovrebbe esserlo. C'è sempre qualcuno che entra e esce. Sfiga vuole che, quando ci hanno portato via l'iPhone, sia passata solo l'insegnante di sostegno (sì, proprio quella che le ho fatto

vedere, quella con un occhio mezzo chiuso). Prima ha detto che ha visto due ragazzini entrare di corsa, che sembravano 'strani'. Ma che vuol dire? La scuola è piena di 'strani', siamo tutti per un verso o per l'altro 'strani'.
Io domando: li ha visti o no? E lei dice che sì,

forse potrebbero essere stati loro, ma li ha visti solo entrare, non è tanto sicura... Insomma un sacco di palle e stiamo a zero.
Lo sappiamo tutti che se non li hai beccati dentro, non li hai visti con qualcosa in mano, un attrezzo, insomma qualcosa che ti permette di

sfondare un armadietto, non serve a niente. E loro, di armadietti, ne hanno fatti fuori due. Precisi, metodici, armadietto mio, armadietto di Gloria. Due iPhone, fatta giornata. E che giornata.
Poi è venuto fuori il bidello. E ha confuso ancora di più le acque. Due operai, quelli con le tute. L'aria sospetta. Ma quel giorno, quello del furto con scasso, nessun operaio è entrato a scuola. Almeno registrato. Due stabili, milleduecento studenti, un casino che non finisce più. Vai poi a sapere se non è stato qualcuno che è entrato con una scusa, ha fatto i suoi comodi e se n'è andato. Non lo sapremo mai.
Perché nonostante il controllo a tappeto, le borse di tutti aperte e controllate, i carabinieri che prendevano giù nomi e cognomi, i nostri cellulari non sono più spuntati fuori.
Due versioni contrastanti, testimonianze confuse, una scuola dove, dico io, uno può arrivare e scassinare due armadietti in santa pace, magari facendo anche rumore: insomma, tutto ha complottato contro di noi.
Lo spogliatoio non è sorvegliabile ci ha risposto, alla fine, il preside. Non si possono montare sistemi di videosorveglianza (spogliarsi con l'occhio che ti guarda non sarebbe certo il massimo), la scuola non può permettersi un'assicurazione.
Quasi fosse colpa nostra, sembrava volerci dire, di aver lasciato un oggetto così prezioso alla mercé del primo venuto.
Complimenti per la sicurezza, signor preside. Complimenti a quei due mentecatti che ci hanno soffiato l'iPhone. Tanto loro non pagano mai

dazio. Con una scuola 'colabrodo' come la nostra chissà come si spargerà presto la voce. Adesso giro con un muletto che mi ha prestato Gloria. Ne aveva due. Però quando trovo un mio compagno con l'iPhone in mano mi avvicino sempre per vedere se c'è quel segnetto in basso a destra che conosco solo io. Magari lo becco, il ladro.

Una brutta da difendere

Caro diario. Devo essere proprio l'ultima al mondo, una specie di moicana. Chi tiene un diario oggi? Ti mandi mille messaggi, c'è Facebook. E tutti a passare ore ed ore, io compresa, davanti a un video. Penna in mano, difficile proprio.
Io, dieci minuti al giorno, continuo a dedicarli a te, lo vedi? Sono pochi, lo so, ma se ti sfoglio mi accorgo che solo per te ho usato le mie parole migliori, non ho scritto 'tvb' ma 'ti voglio bene', proprio come una volta.
Sei un diario buffo. Metà scritto dalla mamma, metà da me. Come se ci fossimo passate un testimone. Lei stoppa, un bel giorno, forse si sente grande, quasi adulta, e lì attacco io. Dieci anni, scrittura incerta, mille ripetizioni e cancellature. E' per questo che ti voglio bene. Perché sei come un angolo di casa, un armadio, un tavolo, una sedia. Fai parte dei nostri giorni, del nostro vivere, così stropicciato e con la copertina che se ne va a pezzi se non mi decido a ripararla.
Oggi ti racconto non di me ma di Erica. Lei si firma con la K, Erika, forse per darsi tono, per essere trendy. Ma è Erica, con la c, una ragazza di periferia. Qualunque. Come ci si sente qui tra i palazzoni pieni di scritte, senza vetrine.

LOVE
IS
THE
ANSWER

Con mezz'ora di autobus per arrivare alla Vodafone o da Zara.
C'è chi dice che la periferia è bella. Che è vera, più vera del centro, tutto leccato e borghese. Ma noi che ci viviamo facciamo fatica a vederla, tutta questa bellezza.
Vorrei dirti che Erica, in questa periferia, è un fiore. E invece no, perché ti direi una balla. Erica è come questa periferia, brutta. Brutta e obesa, goffa anche se non bastasse il resto. Per questo ho preso, da sempre, le sue parti. Perché mi sento in dovere di difenderla, come faccio quando sento insultare questa periferia. Che sarà tutto ma non di merda. Ci viviamo, ci vivremo, forse non avremo un altro panorama. Però è la nostra casa, qui c'è la nostra scuola, ci conosciamo tutti. Tutti pensiamo che sarebbe bello abitare, poco più in là, alla Meridiana. Coi bei giardini, col multisala sotto che ci vai in tuta. Però staremo qui, e tu sai bene perché.
La scuola. E' lì che Erica si scontra ogni giorno con un mondo che la vede come una zombie, con i compagni che la prendono in giro perché nessuno se la farebbe mai, nemmeno in cartolina.
Però è Erica e io voglio che la rispettino. Non che ci facciano amicizia, che la portino in pizzeria. Ma che almeno la lascino studiare in pace. E invece no. C'è il solito, più bullo degli altri, che si crede in diritto di farle del male. Lo conoscono tutti in zona. E lo evitano. In fondo è come Erica, solo. Ma lui attacca, stuzzica. Tanto che Erica, qualche giorno fa, dopo l'ennesimo attacco (provocazione? non so ben definire quello che è successo veramente) si è rintana-

ta in bagno a piangere. E lui che ha fatto? L'ha chiusa dentro. E intanto che lei batteva sulla porta e chiedeva aiuto lui le ha frugato in borsa portandole via il cellulare e tutti i soldi. Se non bastasse, alla fine, le ha scaraventato lo zaino fuori dalla finestra del bagno. L'ha fatto finire tra i calcinacci del cantiere, così s'è rovinato tutto.

Sono stata io ad accompagnare Erica dai carabinieri. Lei tirava indietro, sai com'è fatta. Ma io non trovo giusto che ci si faccia mettere i piedi in testa, abbozzando ogni volta. Così lui torna a farlo con un'altra e se la ride di tutte noi.

I carabinieri sono venuti a scuola. Tutti alla finestra a vedere. In fondo non capita spesso. Lui, il bullo, se l'è fatta sotto. Ha provato a scappare, passando per quel buco nella rete, giù in fondo al cortile.

Nessuno l'ha protetto, anzi abbiamo guardato tutti da quella parte. Così i carabinieri hanno capito e l'hanno raggiunto sbarrandogli la strada, come nei film.

Non so cosa gli abbiano detto o fatto a casa. So solo che, da giorni, nessuno prende più in giro Erica. Continuano a non considerarla, bella non sarà mai, ma almeno vive libera.

La foto

"Bip".
Un suono inconfondibile, quasi rassicurante. Qualcuno mi cerca, vuole parlare con me, proprio con me che, dopo una giornata di stress tra scuola, compiti e genitori che rompono sempre per ogni cavolata, ho davvero bisogno di una coccola virtuale su Facebook di qualche amica o amico. E magari ci scappa pure che domani posso copiare da qualcuno quella maledetta versione di latino che odio.
"Ciao Virginia, anche se non ci conosciamo volevo dirti che sei bellissima".
Chi è questo? Dalla foto del suo profilo mi sembra di averlo già visto ma non ci giurerei.
"Ciao! Grazie del complimento ma chi sei? In che classe vai?"
"Dai conosciamoci meglio invece di parlare di scuola no? Sei proprio il mio tipo lo sai?"
Sembra uno sveglio, altro che quei cretini sfigati che mi becco sempre. "Bip". Due chiacchiere non possono mica farmi male, basta che i miei non lo sappiano. "Bip". Anzi, adesso vado a dar loro la buonanotte così posso chiudere la porta e chattare in pace. Domani alla fermata dell'autobus devo subito chiedere a Gloria e Carlotta se lo conoscono. "Bip". Sembra davvero carino, anche se in mezz'ora di conversazione lunga un km an-

cora non ho capito molto di lui. Tanto è salvata nella cronologia e posso fargliela leggere anche alle amiche, così mi danno un parere. "Bip".
Che vuole adesso? Vuole già che ci vediamo? No ancora non me la sento. Magari tra un po'...
"Bip", "bip", "bip".
Oddio leggo bene? Se declino l'invito a uscire pubblica una mia foto non proprio casta? Ma cosa sta dicendo? È impossibile. Si sta inventando tutto dai. Forse è meglio che io domani lo veda però, non si sa mai, anche se questa situazione non mi piace per niente. Lo vedrò prima di scuola così risolvo la questione in fretta.
Che strana sensazione però... non riesco a dormire. Qualcosa mi agita dentro. Un misto di curiosità e timore di aver fatto una cavolata. Nemmeno il tepore del mio letto riesce a distrarmi, a calmarmi. Devo trovare almeno il tempo di riposarmi un po', domani ho l'interrogazione di storia che ho già rimandato troppe volte. Sono talmente confusa sulle mie sensazioni che quando me lo ritrovo davanti, a pochi passi dalla fermata, quasi non so cosa dire. Ci pensa lui: "Vieni, salta in macchina che facciamo un giro. Così chiacchieriamo da soli. Poi ti accompagno a scuola, promesso". Non è la cosa giusta e non è la mossa più furba che io possa fare, lo so, ma poi magari si arrabbia e pubblica davvero qualcosa di brutto. Saluto da lontano gli amici che mi guardano straniti, salgo e non ci penso più. Sì, meglio fare così.
Che fa adesso? Allunga le mani? Non ha capito niente di me e si sta pure arrabbiando. Mi minaccia addirittura, ancora questa storia della foto... sono una stupida ho fatto un casino, e adesso?

Io scappo, non riesco più nemmeno a guardarlo negli occhi da quante lacrime mi salgono e mi annebbiano la vista. Non voglio andare a scuola, non racconto niente a nessuno, dirò che era mio cugino ma che mi sono sentita poco bene e vado a casa. Tanto mamma e papà lavorano fino a tardi, non lo sapranno mai che salto la scuola. Finalmente casa. Al sicuro e sola. Mi metto a dormire, ne ho proprio bisogno. "Bip". Sono un incubo questi messaggi. "Foto pubblicata in rete. Te la sei cercata". Mi assale una nausea mai provata prima. In un attimo tutto cambia. Arrivano i miei, piangono e scuotono la testa, la polizia fa mille domande, l'iPhone non smette di strillare tra WhatsApp, telefonate e messaggi. "Ma sei pazza Virgy? Ti fai fare le foto nuda nella doccia della piscina?". Ho l'impressione che un capitolo della mia vita oggi si sia chiuso per lasciare spazio ad uno nuovo che mai avrei voluto iniziare.
Qualche settimana dopo arriva una telefonata della polizia. L'hanno preso il bastardo. Sembra che io non sia nemmeno stata la prima. Sono felice ma non come mi ero sempre immaginata in questo momento. Nessuno può cancellare gli sguardi di pietà dell'intera scuola. Adesso è ora di andare a letto, domani c'è un compito importante. In classe, però, non entrerà la Virginia di prima: la ragazza che si entusiasmava poco per le versioni di Quintiliano e che amava stare su Facebook non c'è più, è scomparsa.
Al suo posto c'è Virginia, la 16enne ricattata e diffamata.

La sbandata

"Più che dirgli che ero un cretino, non so... cosa dovevo dirgli?"
"E lui?"
"Niente, muto come un pesce. Su e giù con la penna, come se il verbale non fosse corretto. Poi guarda dentro l'armadietto, prende una bottiglietta d'acqua, svita il tappo al rallentatore, richiude con calma... Lo faceva apposta, ti dico..."
"Da quanto stavi lì seduto?"
"Non me lo ricordo nemmeno... Due ore, tre? So che quando ho guardato l'orologio erano già quasi le quattro... Morivo dal sonno, dalla stanchezza, avevo dei bruciori di stomaco che non puoi immaginare. Ma lui niente, non gliene fregava nulla, ma proprio nulla. Come se fosse giorno pieno e non notte fonda"
"Che tipo era?"
"Né tanto né quanto, uno qualunque. Di quelli che ti fermano e sembrano subito dirti 'stavolta te la faccio pagare'. Sfiga, sfiga, sfiga. Proprio lui dovevo beccare..."
"E pensare che era stata una bella serata... Dillo, quando si sta tra colleghi, senza donne, ci si diverte, vero?"
"Lo so, bisognerebbe pensarci prima.

Ma hai visto anche tu... ti sembrava che avessi bevuto così tanto?"
"Non lo so, forse un po' di più di noi ma mica tanto poi..."
"È scritto, quando la sfiga ti guarda sei frega-

to. Possibile che, adesso, una banale cena del mercoledì si sia trasformata in un inferno?"
"Quando ci hai lasciati sembravi in piena forma. Ridevi, scherzavi... ma nessuno di noi ha pensato certo che fossi ubriaco..."

"Stavo benissimo, mi sono messo al volante, ho acceso la radio... Normale, tutto normale come sempre..."
"Quand'è che hai cominciato a star male...?"
"Non so, avrò fatto dieci kilometri, non di più... Ho sentito una fitta alla tempia, sai come quando pulsa forte... Poi mi è venuto da vomitare... pensavo mi passasse subito"
"Avresti fatto bene a fermarti..."
"Lo pensi sempre dopo. Ma come fai... mancava poco a casa, avevo freddo, era buio. Ho detto: tiro dritto e ce la faccio. Forse, quando ho perso il controllo, sognavo già di stare a letto..."
"Potevi ammazzare qualcuno, questo lo sai..."
"Sì, me l'ha ripetuto all'infinito anche lui, quando mi interrogava in caserma. Come se l'avesse imparato a memoria: così non dovete girare, poi mettete sotto qualcuno e dite che avete sentito un colpo, come un grosso sasso..."
"Gli capiterà di vederne delle belle su quella strada..."
"M'ha detto che c'è una croce ogni kilometro, anche di più in alcuni tratti..."
"E te come hai fatto ad andare a sbattere se è tutta dritta?"
"Ti sembra, è quello che frega di quella strada... C'è una mezza curva che nemmeno la vedi. Ed è lì che sono partito... il volante, forse il ghiaccio, non lo so. Ho sentito solo lo schianto contro il guardrail, quella sensazione che ti viene di non controllare più nulla, il ciocco che lo senti altre volte, come se mandassero avanti e indietro l'immagine..."
"E loro?"
"Dietro. Sfiga monumentale. Come se si fos-

sero divertiti a vedermi andare a sbattere. Ero lì, ancora tutto intontito, e lui, sì proprio quello che poi mi sono cuccato per tutta la notte, tira fuori il kit. 'Soffi qui' mi ha ordinato. Io forse ferito e lui come un automa. Palloncino, penna, 'ci segua'... La macchina neanche a pensarci, è rimasta lì. La ruota era bloccata. Ci vorranno duemila..."
"Ma adesso come fai?"
"Mio padre è fuori di testa. Ha detto che a lavorare ci devo andare a piedi. Che se era per lui la patente la stracciava. Per sei mesi, ci pensi, mi toccherà sentirlo: bla, bla, bla... Bel regalino mi hanno fatto quelli lì. E mi hanno pure detto di ringraziarli, che sono stati buoni con me. Capperi..."

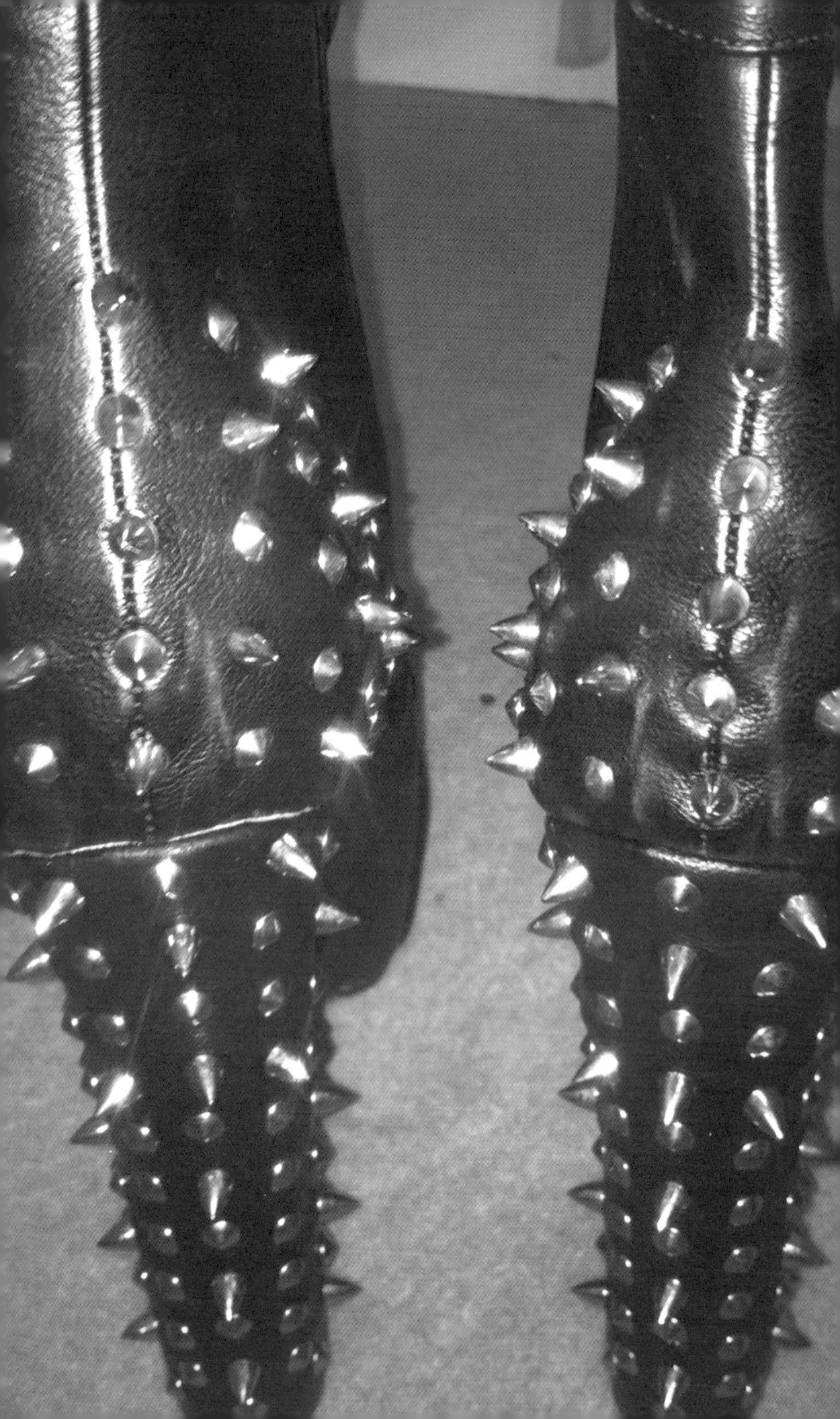

La vendetta

Nella terra contesa di Facebook, quella del conflitto che non finisce mai tra chi è più social, chi ha più amici, chi veste meglio, chi fa più cose, quella che trasforma la vita in un giocattolo di guerra e potere tra amici e conoscenti, ci sono anche Marta e Alice. Sono due compagne di classe, la 3B per la precisione.
Le due amiche sono a dir poco inseparabili, tanto che alla fine dell'anno scorso il prof di matematica ha dovuto spostare Marta, la più esuberante e irrequieta delle due, a causa dei continui chiacchiericci e scambi di iPhone sottobanco con annessi risolini.
Un'amicizia di quelle che sembrano cucite addosso. Sempre insieme: stessa compagnia, stessa classe, stessi gusti musicali e addirittura stessi stivaletti rock con le borchie, di quelli che vanno di moda adesso.
Ma soprattutto mai un litigio. Almeno fino al giorno in cui è sbucato Simone, 4C. Alto, magrolino e con poco sale in zucca ma da tutti conosciuto come 'Sancho', senza Panza però. Non per una reale somiglianza con il famoso personaggio quanto perché è uno di quei soprannomi che suona bene e che rende da subito più simpatici.
Per Marta era un miraggio, il classico ragazzo

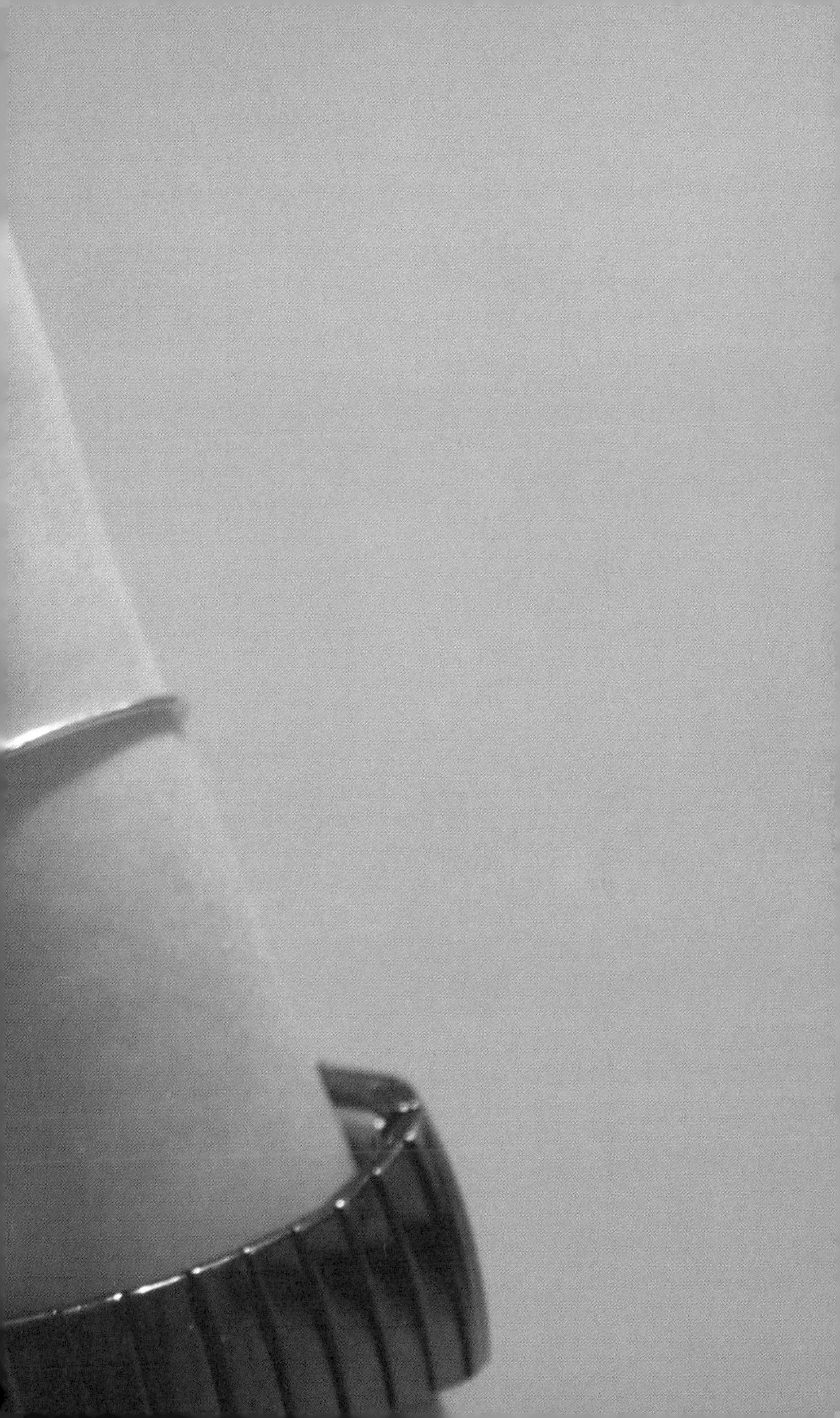

che ha il suo misterioso 'perché' e con cui da qualche settimana si sentiva di tanto in tanto. Per Alice, invece, era una semplice scocciatura. Gli sguardi dolci, le battutine ammiccanti, i mille (goffi) tentativi di risultarle simpatico. Il tutto, inutile dirlo, davanti al gruppo e soprattutto sotto lo sguardo infastidito di Marta. "Idiota di un ragazzo" rifletteva Alice. "Adesso te la faccio pagare" concluse Marta. Solo che quest'ultimo pensiero non era indirizzato a quel pollo di Sancho, troppo tonto per rendersi conto della bomba di invidia e rancore che aveva creato. Bensì era rivolto ad Alice. Per Marta fu una sciocchezza. Facebook è in pieno boom: un profilo falso, una foto fasulla, quattro dati inventati su di me e in un attimo dirò agli altri chi sei tu veramente, e senza perdersi in inutili chiacchiere.
Ore 18.57: "Altro che ragazza acqua e sapone con l'abitino a fiori chic&cheap di Zara. Racconta cosa fai in giro per guadagnartelo quel vestito". Ore 20.46: "Spero tu rimanga sola, che tutti ti vedano per la stronza che sei perché questo meriti. Nient'altro". Ore 22.00: "Occhio a quando esci di casa la prossima volta perché al rientro avrai una faccia diversa".
Non erano messaggi privati. Erano nella bacheca pubblica. Alice era in vetrina. E lo sarebbe stata per giorni sotto i riflettori, oltre che sulla bocca di tutti. L'unica cosa che non era in mostra (e che il mondo non poteva vedere) era il suo malessere interno, il suo senso di inadeguatezza e vergogna che non riusciva nemmeno a pronunciare a parole. Parole troppo pesanti per essere verbalizzate. Fregarsene?

Andare alla polizia? Parlarne con qualcuno? Macché. Il puzzle già incasinato della sua vita da adolescente era stato cancellato con un colpo di cyberspugna da qualcuno che la voleva annientata. E per quale motivo poi? Nessuno poteva sistemare la cosa. Solo lei era in grado di porvi rimedio e, nell'insensato tentativo di pareggiare conti immaginari con il mondo, decise di farla finita.
Non si sarebbe mai dimenticata la tempestiva telefonata di Marta che, in lacrime, le confessava le sue colpe. Ammettendo che il tormento per quella gelosia mal gestita e sfociata in bullismo virtuale non le lasciava scampo. Era un pianto sincero, Alice lo sentiva. La conosceva bene, lei. Ma, a questo punto, non abbastanza. La ferita e il trauma erano grandi, ci sarebbe voluto tempo per placarli. Perdonarla? Magari tra un po', tra qualche settimana, mese, anno. Ma non adesso.
Mi ha umiliata e messa al secondo posto, si disse più volte da sola. Meglio guardare avanti e non voltarsi indietro.
"In fondo – pensò Alice- lo diceva anche quella vecchia attrice che quella rimbambita di mia madre adora: 'Dopotutto, domani è un altro giorno'. Quasi quasi lo taggo su quel maledetto Facebook".

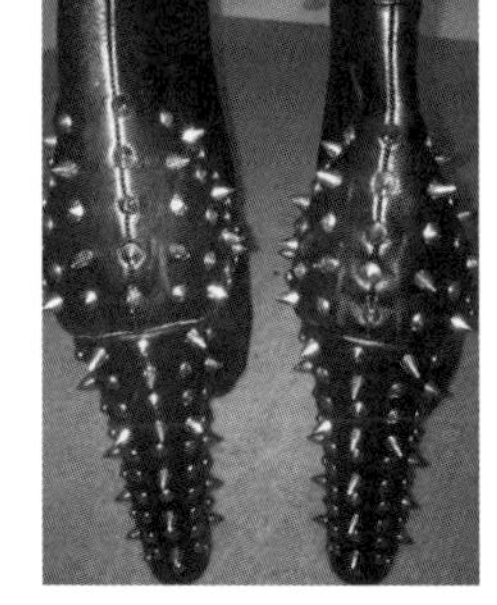

La spia

Quanto sono arrabbiata? È meglio che non lo sappiate. È meglio che non lo sappia nessuno.
Sono sempre stata una brava ragazza. Una di quelle anonime, sì, ma gentili e diligenti. Una brava figlia che non ha mai dato pensieri ai suoi genitori, non ha mai rubato, nemmeno un fidanzato, e non ha mai tradito un'amica. Mi sono sempre sciroppata i miei genitori, i loro insegnamenti e il loro volere senza lamentele. E adesso vengo ripagata così?
"Devi sempre dire la verità e non avere paura delle conseguenze perché se sei sincera sei una vincente".
Sì certo... e allora andate a spiegarlo voi a quei deficienti che mi assillano e che hanno preso di mira il mio profilo su Facebook che loro tre sono dei falliti e io la vincitrice indiscussa. A dare ascolto a voi ecco cosa succede.
Per cosa poi? Per una bravata da ragazzini che un domani nessuno si ricorderà mai. Beh, io sì che me la ricorderò, eccome. Se avessi tenuto la bocca chiusa era meglio.
"Ragazzi silenzio, tra poco arriva il preside che vuole scambiare due parole con questa classe. Non è un mistero che in queste ultime settimane qualcuno si sia divertito a fare il van-

dalo durante l'orario di ricreazione rubando oggetti personali e anche di valore dagli zaini di più malcapitati. Quello che vi chiedo, e che anche il signor preside vi chiederà, è la massima collaborazione. Se qualcuno sa qualcosa o conosce il nome del ladruncolo per favore si faccia avanti e racconti tutto. Nessuna paura, non fate i timidi. Allora, qualcuno ha da dire qualcosa?".
Io no! Ecco cosa dovevo dire invece di alzare la mano e spifferare i loro nomi. Non avrei dovuto subire tutte quelle prese in giro su Facebook, maledetto Facebook... l'amico che ti pugnala alle spalle, così dovrebbero chiamarlo.
E non avrei dovuto vivere giorno dopo giorno l'isolamento dall'intera classe.
Mi hanno fatto terra bruciata attorno e io non ho avuto nemmeno la forza di ribellarmi e chiedere spiegazioni.
Anzi, ogni mattina lì, sei giorni su sette, ad elemosinare un saluto, uno sguardo. Addirittura la secchiona della classe, che difficilmente viene calcolata, ha più successo di me.
Che stupida sono stata e che sono tuttora. Si perché se così non fosse non sarei qui, per l'ennesimo pomeriggio sul letto, a farmi consolare dalle amiche che tutte assieme, per strapparmi almeno un sorriso, mi hanno comprato quel cd che tanto desideravo. La ruota gira, si dice, e ognuno avrà ciò che si merita.
Ma a me poco importa che due dei tre dementi abbiano avuto la loro 'ricompensa'. Che poi, cosa volevano da me?
Io ho fatto i nomi di quelli che rubavano per davvero, mica i loro. Cosa doveva importarme-

ne che fossero amici? Se il mondo gira in quella direzione allora il mese scorso anche io non avrei più dovuto parlare con Marta solo perché Alice ha litigato con lei. Le cose non funzionano così, questo mi hanno insegnato mamma e papà.
Ormai a chi devo credere? Si è risolto tutto per il meglio, è vero, ma mica posso dare un colpo di spugna a quello che ho passato.
Uno è stato espulso e uno sospeso mentre il terzo, il pupillo del padre avvocato (il classico figlio dell'oca bianca come lo chiamerebbe mio padre), è stato graziato.
E dovrei essere io la vincente? Io che da due settimane passo i miei pomeriggi chiusa in camera con le uniche due tre amiche vere che mi sono rimaste? E per fortuna che ci sono...
"Principio di depressione", ricordo ancora il tono piatto e secco che la psicologa della scuola ha usato. "La vita è dura bambina, esci, divertiti, non ci pensare più che passerà anche questa". Facile per lei e anche per tutti gli altri. Non per me, però.
Ma questa è la vita dicono, scrivono, cantano.
C'est la vie.

Lo spinello

"Io l'ascolto signora... di più non posso fare..."
"Per lei è tutto facile..."
"Non mi faccia dire cose che non ho detto. Per favore, signora. Il giochino di scaricare le colpe su di me, sulla società, è finito da tempo..."
"Vede che vuol tirare delle conclusioni... Io non ce l'ho con lei, ma lei deve capirmi..."
"Signora, è mezzora che mi sta ripetendo la stessa cosa. E io le ripeto: se potessi farle sentire la registrazione delle altre mamme... dite sempre la stessa cosa... In sostanza che è colpa degli altri..."
"No, non volevo dire questo, Tommaso ha le sue colpe. Tommaso ha le sue colpe ma andava aiutato..."
"Allora lei mi sta dicendo che è un ragazzo difficile..."
"Difficile no, timido lo è sempre stato..."
"Ha problemi a relazionarsi con gli altri allora?"
"Da bambino, parlo di quando aveva sui sette – otto anni era perfettamente normale. Poi, poco a poco, si è chiuso in se stesso. Subito dopo cena ha cominciato a rintanarsi in camera... non voleva neppure vedere più quei telefilm che gli piacevano tanto... Forse dovevo già capire qualcosa. Ho fatto male..."

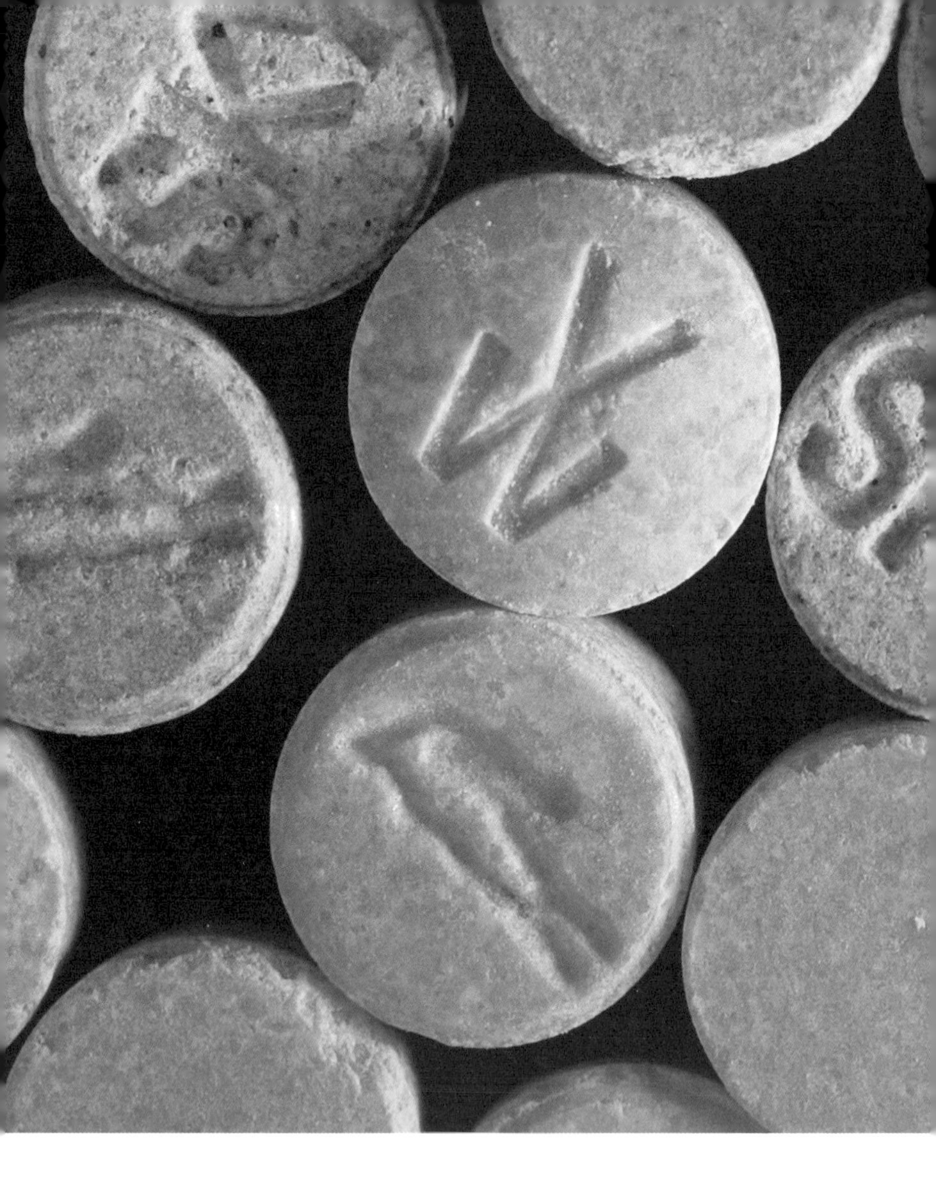

"Ha fatto male a far cosa?" "A non parlarne con qualcuno. Ah, se mio marito fosse stato in casa, la sera..."
"Perché, dove va suo marito?"
"Niente di male, no. Non creda che..."

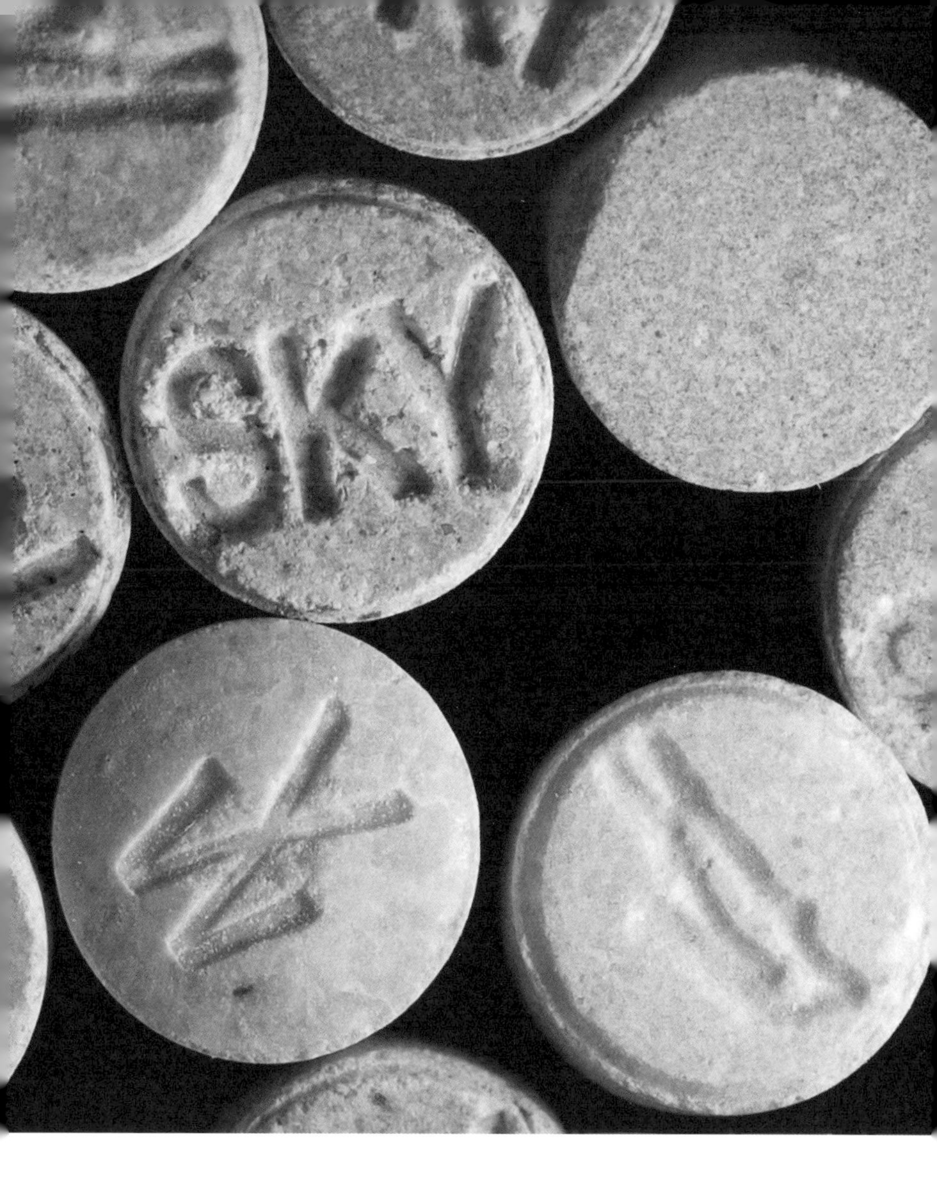

"Non credo niente, io. Sono solo qui per cercare di capire come sono andati i fatti. Non riesco a credere che Tommaso, così di punto in bianco, si sia messo a spacciare..."
"Dica pure... a quattordici anni. Torno a mio

marito: adesso, la sera, con quei canali che trasmettono mille partite, calcio, basket. Guardano e scommettono, pochi euro. Come una volta giocavano a carte. Ecco, lui, mio marito avrebbe dovuto capire…"
"Mi scusi, che cosa avrebbe dovuto capire... il poveretto…"
"Niente. Che il ragazzo stava crescendo. Che una donna, anche se è la madre, non riesce a farsi raccontare tutto... figuriamoci, oggi, se i ragazzi parlano…"
"E allora?"
"Ecco. Se le devo raccontare tutto per bene bisogna tornare all'autunno scorso... Un pomeriggio, non l'aveva mai fatto, mi ha chiesto di andare ai giardini... Doveva incontrarsi con qualcuno, non mi chieda chi per favore, per certi compiti. Una lezione che aveva mancato, degli appunti".
"E lei?" "L'ho lasciato andare, vuol tenere in casa un quattordicenne che vuole andare ai giardinetti? E' vero, sto sempre in ansia. Ma ho paura soprattutto che vada in motorino con qualcuno senza casco…"
"Perché, lui il motorino non ce l'ha?"
"No, il padre è caduto dalla moto e si è fatto molto male. Due ruote in casa nostra... non se ne parla proprio"
"Ma a volte il motorino, signora, aiuta... A socializzare, a farsi accettare dal gruppo. Quindi è andato, diceva Tommaso… all'appuntamento…"
"È quando è tornato che... qualcosa è cambiato. Puzzava…"
"Di fumo?"

"Sì, ha detto che era un suo amico che fumava, l'amico dei compiti. E che lui, seduto vicino sulla panchina, aveva preso l'odore..."
"E i giorni dopo?"
"Per un motivo o per l'altro tornava ai giardinetti. Gli farà bene, pensavo... All'aria aperta. Troppi compiti gli danno, così si distrae..."
"E invece?"
"Non potevo crederci quando l'ho saputo. Lui, sempre rispettoso, era diventato 'grande' frequentando quegli imbecilli, quei ragazzotti che si fanno gli spinelli e spacciano..."
"Lei che pensa, signora? Che sia una situazione irreparabile? Cos'è per lei Tommaso, un drogato marcio, irrecuperabile...?"
"No, non questo..."
"E allora... vede che mi da ragione... Per fortuna, cara signora, lei è arrivata in tempo. Adesso vado a parlargli, nell'altra stanza. Capirà... capirà... ne stia certa. Noi abbiamo due o tre parolette... magiche. E stasera niente urla, lo dica anche a suo marito."

Le foto

Mi sono domandata tante volte come sia potuta accadere una cosa del genere a me. Di storie come la mia ne avevo già sentite, non posso negare. Ma uno a furia di ascoltarne pensa che sono episodi triti e ritriti e che ormai figurati se una ragazza è così ingenua da cascarci. O almeno non io.
Conduci la tua 'tranquilla' esistenza di adolescente incompresa dai genitori, dai professori, da tutti e poi conosci un ragazzo, grande abbastanza perché tutti scuotano la testa al primo accenno alla vostra storia. Ma al cuore non si comanda, si dice così no?
Sapevo che non avrei reso felici i miei genitori ma lui era così bello e io così presa... cosa c'era di male ad avere un ragazzo di undici anni più grande? I tempi sono cambiati, la mia generazione è più sveglia di quelle passate, lo dicono anche i giornali. Tra un ragazzo di 26 anni e una ragazza di 15 (me ne hanno sempre dati di più, devo dire) le differenze sono poche alla fine. Lo sostenevano anche le mie amiche. Di loro mi sono sempre fidata. Solo qualcuna mi aveva confessato la propria perplessità all'inizio: "Attenta, sembra un tipo strano. Un po' appiccicoso. Siete così lontani poi, cosa racconterai ai tuoi?"

Eppure non potevo resistere. Dopo settimane di continui scambi di messaggi e foto su Facebook mi sembrava giusto vedersi. Lui insisteva da un pezzo, avevamo aspettato abbastanza.
Ricordo tutto di quella giornata. Le lezioni noiosissime, i continui scambi di messaggi (anche se io avevo un'interrogazione e lui lavorava), l'emozione, il batticuore. Una volta a casa in un attimo racconto una balla, una qualsiasi tanto la mamma è troppo impegnata a caricare lavatrici e pensare se è meglio passare dalla sarta prima o dopo il lavoro, e il papà non è nemmeno tornato per pranzo, è rimasto in ufficio. Esco di casa, supero le due torri, via Indipendenza e sfreccio verso la stazione dei treni direzione Riccione. No, non poteva esserci niente di male altrimenti come si spiegava quella sensazione di felicità profonda che mi pervadeva la mente? Una leggerezza mai provata prima. Che sia questo l'amore? In un'ora e mezza arrivo. Ci riconosciamo all'istante, lui è sul binario ad aspettarmi. Ci baciamo subito, ci prendiamo per mano e passiamo tutto il pomeriggio insieme. Inutile dire che la sera, di nuovo sola in camera mia, l'unico pensiero che mi frulla in testa è che voglio rivederlo e presto. Apro Facebook: "Mi manchi, domani vengo a Bologna, voglio vederti, dimmi di si". Avrei voglia di urlare dalla felicità ma mi trattengo e rispondo. Una emoticon con il cuore che pulsa e ci capiamo al volo. Domani non vedo l'ora di vedere le facce delle mie amiche quando racconterò che giornata meravigliosa ho passato e che passerò di nuovo. Sì, perché questo weekend i miei genitori vanno da amici, in montagna, fino a domenica sera. Que-

sto significa una sola cosa... casa libera! Non mi sembra quasi vero, tutto fila liscio come l'olio, pensavo. Niente può rovinare questo idillio. Tutti i pezzi del puzzle si incastrano alla perfezione. Il giorno dopo lui arriva puntuale. È dolce, anzi dolcissimo. Fino al momento in cui si allarga e avanza pretese sul mio corpo. Ricordo tutto in modo nebuloso: le carezze che diventano strattoni, le parole tenere che si trasformano in ordini. E quelle foto... decine di foto. "Per scherzare tesoro, sono solo mie". Protesto, non mi piace questo scherzo, il gioco è bello se dura poco. Ma quel gioco sarebbe durato ancora molto, troppo. Mi arrabbio: "Non voglio più saperne di te". Ma il guaio è fatto. Stupida ragazzina avrà pensato. Mi immagino ancora la sua faccia da viscido mentre pubblica quelle foto in rete solo per il gusto di farmi capire che anche se non lo volevo più, lui una parte di me la possedeva, eccome e l'avrebbero posseduta in molti altri sconosciuti d'ora in poi, altri subdoli come lui. Pensavo di essere più furba, di non poter mai rientrare nella categoria di ragazzine sputtanate su Facebook per uno sbaglio così stupido, di essere immune dall'inesperienza. Lo pensavano anche i miei genitori probabilmente. Adesso che tutto è successo, così veloce che per realizzarlo ci sono voluti giorni, niente potrà essere come prima. E continuo a domandarmi come sia potuto accadere. L'ennesima storia di pedofilia, l'ennesima ragazzina ingenua. Solo che questa volta è toccato a me.

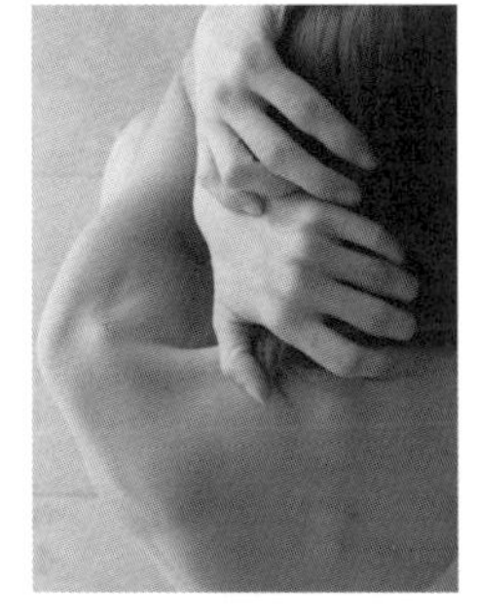

L’aggressione

"Hai sentito? Hanno aggredito il signore che ha la gioielleria lì vicino a casa tua."
"Ma quale? Quella in via Dagnini?"
"Esatto, proprio quella!"
"Scherzi? Povero, è un signore così simpatico. Cosa è successo?".
Ricordo ancora il momento in cui in classe cominciò a girare la voce. Il signor Mario era amico di famiglia da tanti anni e mi riusciva difficile pensare che qualcuno potesse avercela con lui. Sempre gentile, sempre sorridente. Spero abbiano capito male, che abbiano sbagliato persona, penso. Suona la campanella. Finalmente... oggi non ne potevo proprio più.
Saluto tutti in fretta e furia e mi fiondo a casa ma non per la solita stradina. Oggi niente scorciatoia decido. Allungo di qualche minuto, così passo davanti alla gioielleria di Mario.
Chiusa.
Fuori c’è un gruppetto di vecchietti che confabula.
Appena messo piede in casa capisco che non è una bufala. "Carlotta sai cosa è successo a Mario? L’hanno aggredito, stamattina, in pieno giorno. L’hanno picchiato in tre. Povero Mario. Pensa che c’era anche sua moglie nel negozio ma, per fortuna, a lei non hanno fatto nien-

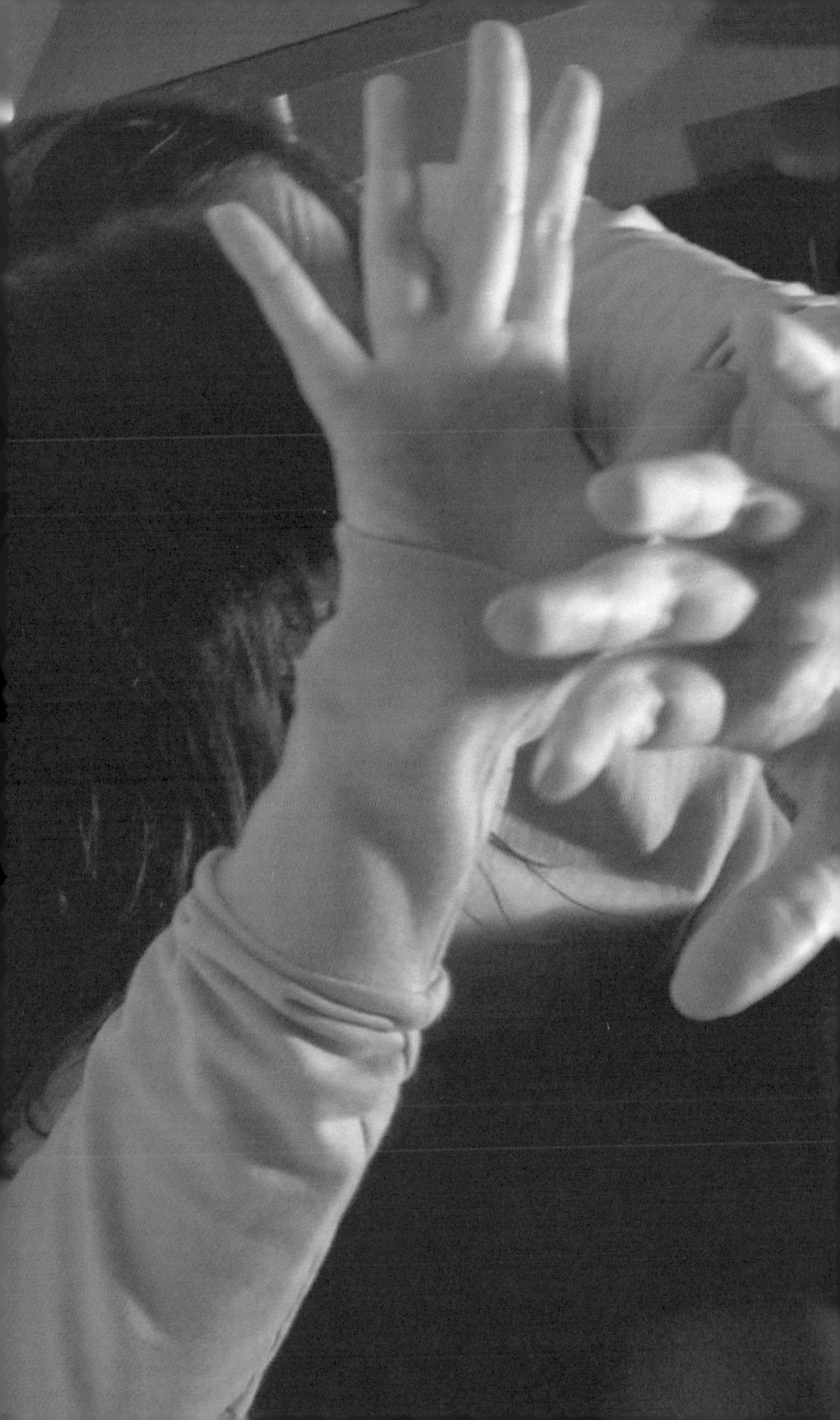

te. Perché non chiami Davide così ti dice come sta?".
Davide è il nipote di Mario, di qualche anno più grande di me. Mia mamma l'ha sempre adorato e, a dire il vero, anche le mie amiche. Lo chiamo.
Mi risponde subito: "Lo zio sta bene e fortunatamente la zia non l'hanno nemmeno sfiorata. Solo tanta paura, sono ancora un po' sotto shock ma stasera, se i raggi e gli esami sono ok, lo zio torna a casa. Pensa che non hanno rubato niente, nemmeno un gioiello. Strano no? Grazie per la chiamata Carlotta".
Tutto questo casino per non rubare nemmeno un bracciale? Ma cos'ha la gente in testa? Il signor Mario poi... un pezzo di pane. Il classico signore distinto che ti saluta sempre e che, subito dopo, si assicura sulla salute di tutta la famiglia. Non dimenticherò mai quella volta che si ricordò addirittura il nome di quella lontana cugina della mamma venuta per qualche giorno a Bologna.
Perfino papà, che di solito ha sempre una spiegazione logica per tutto, questa volta non sa cosa dire.
"Anche la polizia e i carabinieri brancolano nel buio. Ma forse un passante ha visto qualcosa, hai presente il signore del terzo piano? Ecco, proprio lui. Speriamo. Domani dopo scuola andiamo a trovare Mario, cosa dici Carlotta?". "Sì papà, gli farà piacere vedrai".
È passato quasi un mese da quella mattina. Ormai le speranze di beccare i tre delinquenti sembrano indebolirsi ma poi arriva quel messaggio di Davide: "Ciao Carlotta, volevo dirti

che li hanno presi i bastardi che hanno picchiato mio zio, sai? Se lo chiamate vi racconta tutto".
Sono felice. Per il signor Mario e per tutti noi. In queste settimane l'atmosfera è stata un po' tesa. "Stai sempre attenta, hai visto cosa può succedere anche in pieno giorno?". Ormai non conto più le volte che i miei genitori (e non solo) mi hanno ripetuto questa frase. Mi esce dalle orecchie. Per cui sapere che finalmente i responsabili hanno un volto mi tranquillizza. A casa scopro che il testimone di cui parlava mio papà, il vecchietto un po' scorbutico che abita nel nostro stesso condominio, ha dato un prezioso aiuto.
"Ha riferito modello, colore e qualche numero di targa dell'auto con cui gli aggressori sono fuggiti. Vecchietto sì, ma ci vede bene!" Ci scappa una risata.
Poi mia mamma sottolinea che uno dei ragazzi aveva dei precedenti ed è tossicodipendente. Ha già conosciuto la galera e diverse cliniche, a quanto pare, ma sono serviti a poco. "Lo vedi dove ti porta quella brutta strada della droga? Non sono mai troppe le volte che te lo diciamo Carlotta.. e non sbuffare, un giorno capirai".
Ma ormai non ascolto più. Domani penso proprio che chiederò a Davide se vuole prendere un caffè con me...

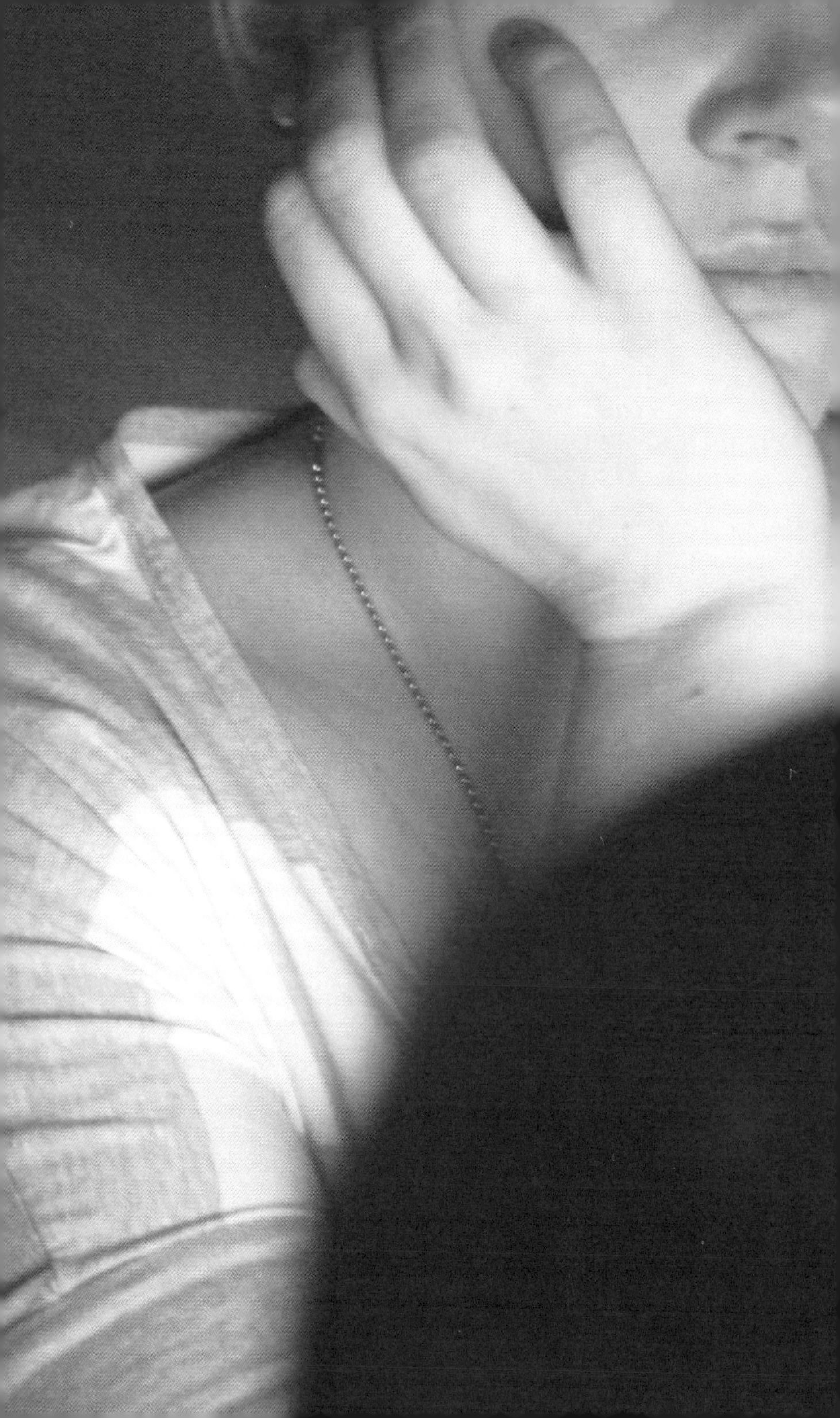

La cyber bulla

"Scusatemi se vi ho voluto tutti qui, stasera, in aula magna. So che fate fatica, soprattutto la sera, a partecipare ai nostri incontri. E vi capisco... Anch'io arrivo a casa con la schiena a pezzi e non vedo l'ora di mettermi a letto. Voi mi scrivete che non ce la fate nemmeno a guardare la televisione, figuriamoci a venire qui a scuola... che, per giunta, come stasera... ha la centrale termica che non funziona..."
La preside sorride mentre incrocia le braccia mimando i gesti di chi ha freddo. Ma stasera sono in pochi ad aver voglia di sorridere. Non si sono tolti nemmeno il cappotto, qualcuno tiene anche la sciarpa. C'è chi va indietro nel tempo e ricorda le notti di qualche occupazione quando, per rimandarli a casa, toglievano luce e riscaldamento. Qualcuno teneva botta, altri si arrendevano e tornavano ai tepori domestici. Tutti sanno che stasera non si parla di dare un contributo per sostituire una porta (capita, qualche volta, che i genitori mettano mano al portafogli quando, dall'alto, non arrivano più fondi) o di votare il viaggio di fine anno. Stasera, come se fosse scritto a lettere cubitali all'ingresso, si parlerà di Wanda.
Perché Wanda ha fatto finire la scuola sulle prime pagine di tutti i giornali. L'hanno chiamata

'cyber bulla', sono arrivati gli inviati, ne hanno parlato al telegiornale. Con tanto di approfondimenti, neuropsichiatri di qui, neuropsichiatri di là.

Un gran polverone. E molta vergogna per la

scuola. Una scuola che vantava, almeno fino a Wanda, un curriculum esemplare, portata spesso ad esempio per le innovazioni nella didattica eccetera, eccetera. Poi arriva un giorno che non solo non sei più tra i primi ma addirit-

tura si fa fatica a scorgerti tanto in basso sei sprofondata.
La preside porta, marcate in volto, le ore drammatiche degli ultimi giorni. Non sono solo le occhiaie ad invecchiarla, lei che di solito è un fiore sempre sorridente, ma una tristezza di fondo che l'attanaglia. Per non essere riuscita a capire in tempo, per aver ripetuto fino allo sfinimento ai giornalisti 'nessuno poteva prevederlo'.
Che si andasse così oltre, che una ragazzina di 15 anni non solo legasse a una sedia la compagna nell'aula deserta (come chiamarla? Diversamente abile, decisamente arretrata, handicappata?) ma addirittura postasse la sua bravata con tanto di commento idiota stile 'Avete visto? Adesso tutti parleranno di me..."
"La giustizia farà il suo corso – continua la preside – e questo lo sapete. E non mi interessa nemmeno sapere se mi rimuoveranno, se finirò in qualche sottoscala... Mi interessa sentire il vostro parere, cosa fareste al mio posto..."
Si alza uno dei genitori, stretto nel suo cappotto color cammello. "Posso dirle che non sono rimasto sorpreso? Posso dirle che, quasi, me l'aspettavo. Laura, ogni tanto, mi fa leggere i deliri che queste ragazzine mettono online... Roba da non crederci... E noi continuiamo a fidarci dei social network, pensiamo che era come quando noi ci scambiavamo i bigliettini in classe..."
Gli fa eco una mamma che resta seduta: "Come direbbe qualche procuratore per far bella figura 'Wanda ha voluto fare il salto di qualità'. Non le bastava più darle fastidio ogni giorno,

tormentarla facendole sparire i libri... Voleva il gesto eclatante, i riflettori. E, devo dirlo, c'è riuscita... Anche perché, come lei preside ben sa, i giornali ci vanno a nozze con storie come questa..."
"Sa che cosa bisognerebbe fare per punirla veramente, professoressa Monari? – attacca una signora dal fondo della sala – Perché, se lo ricordi, lei continuerà a sentirsi una forte, una che nella vita può dare lezioni a tutti e non pagar dazio... Bisogna espellerla da Facebook e Twitter come hanno fatto con quella ragazza in Canada che aveva preso a calci e pugni una compagna e l'aveva messa in Rete. Via il profilo, via da tutto, cancellata da questo loro paradiso virtuale. Solo così la puniremo veramente. Un po' come il ritiro della patente..."
Parte un applauso, qualcuno urla 'brava'. Le rughe della preside sembrano, per un attimo, meno profonde. Poi tutti rientrano a casa.

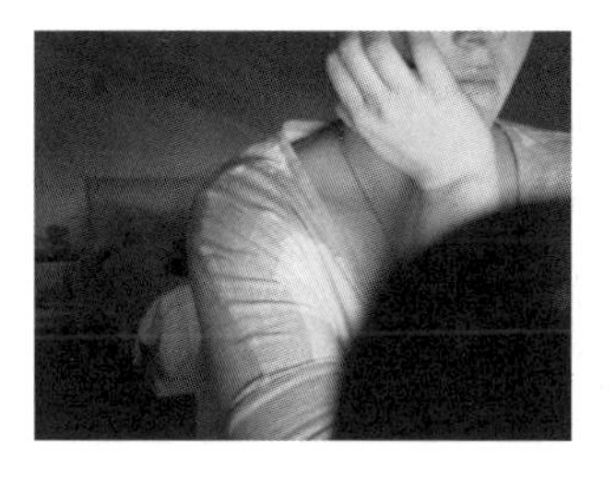

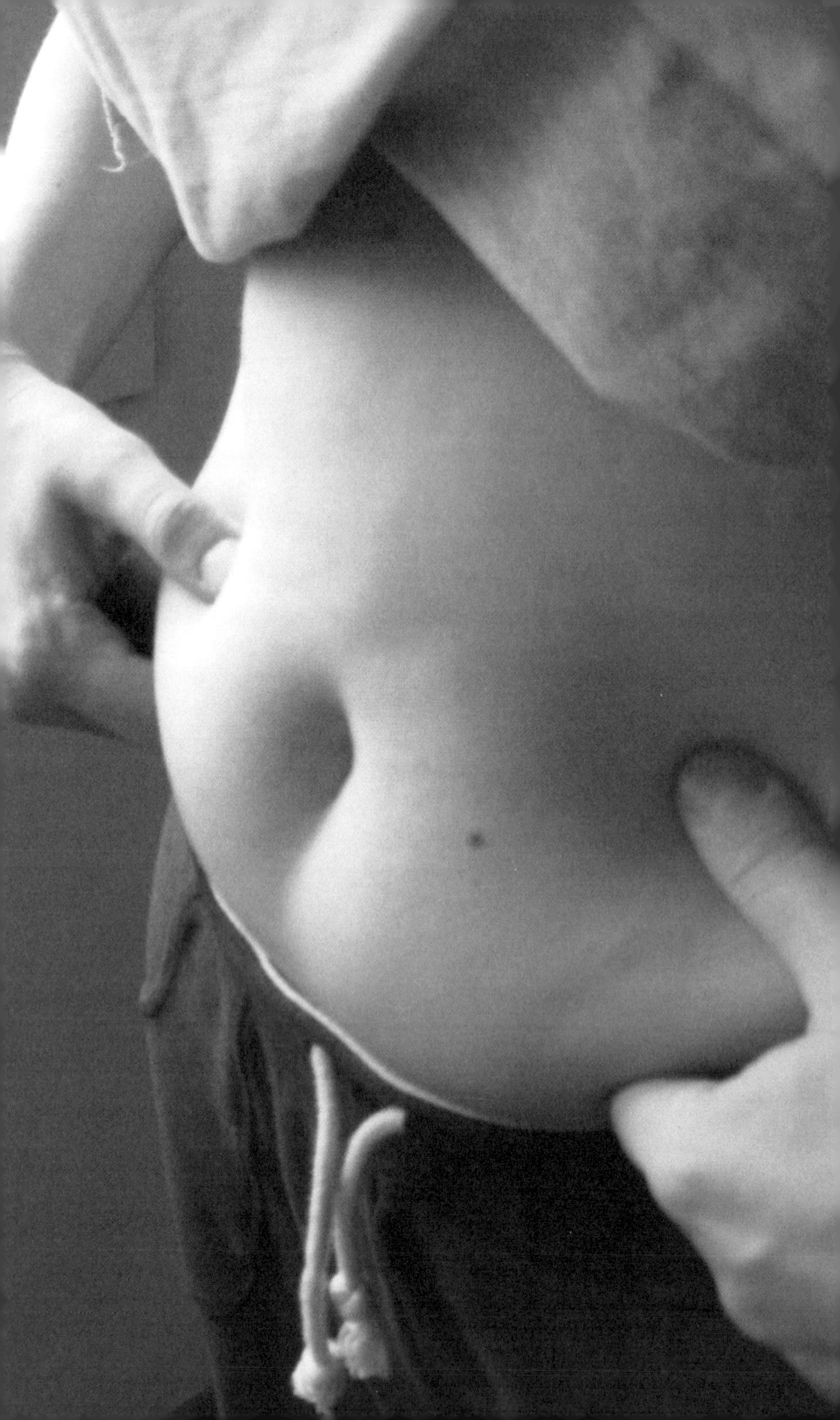

La cicciona

"Sai che stamani vorrei esserti accanto. Ed è per questo che ti lascio queste poche righe. Perché so benissimo cosa si prova ad alzarsi così, stamattina, e trovarsi da sola in casa. Senza una spalla su cui piangere. Con le stanze vuote quando tu avresti bisogno di essere coccolata come quando eri piccola, quando tutti noi facevamo a gara per tenerti in braccio. Ma sai anche che non posso mancare al lavoro perché la riunione l'ho preparata io da settimane e c'è in gioco il futuro del nostro ufficio. Con papà ne abbiamo parlato fino a tardi, lo sai, di quello che ti è accaduto. Forse ci hai anche sentiti alzare la voce mentre tentavi di addormentarti. Siamo d'accordo su tutto, io e tuo padre, ma non certo sulla 'cura' per mettere a posto quelle teppiste. Perché non trovo altro termine per battezzarle. Mi verrebbe da dire stronze ma loro sono anche violente e ne avrai la certezza quando stamani ti guarderai allo specchio. Ho letto e riletto il verbale e, ogni volta, mi mordo le mani per non essere stata accanto a difenderti. Dicono, nel verbale, che tu hai 'osato manifestare la tua disapprovazione per il comportamento aggressivo dei due gruppi di ragazzine' e che per questo ti hanno punito. Insultandoti ripetutamente al grido di 'che vuoi tu, cicciona di merda...'. Righe che mi fanno male, che mi esasperano perché immagino come possa esserti sentita tu in quel momento. Tu sei più grande di loro, *cinnazze* di dodici o tredici anni al massimo, come scrivono nel verbale. E che troveranno sempre un genitore disposto a giustificarle. Tu che potevi fare di fronte a una dozzina di belve inferocite? Dicono che ti è andata bene, che una costola incrinata e qualche ematoma sono niente in confronto a quello che vedono quotidianamente. Calci e pugni per un quarto d'ora fanno male, lo so. Tu non sei una che si piange addosso. E se ieri sera eri così distrutta non faccio fatica a credere a un dolore vero e lancinante. Ma quello che più mi ha buttato giù, quando siamo usciti ieri sera dalla caserma, è stato leggerti negli occhi quella tristezza profonda legata agli insulti. All'insulto, perché poi è uno solo quello che ti tocca. Quante volte mamma, dillo, ti ha chiamato 'cicciona' o 'la mia cicciona adorata'? Mille. E sai quanta tenerezza ci metto nel chiamarti così. Tu stai passando un'età difficile, non sai resistere alle merendine (ridi, dai...) ma stai anche diventando donna. E certi squilibri sono tipici della tua età. Ci sono quelle secche secche che si vedono sulle passerelle e quelle come te. Che suscitano tenerezza, affetto, perché tutti sappiamo che, un giorno, come per incanto, tu perderai quei kili di troppo e ti trasformerai in una splendida ragazza. Sei alta, nessuno in famiglia è sovrappeso, vedrai che anche tu troverai la giusta strada. Ieri sera mi hai confessato, piangendo, che ti era già capitato di essere insultata perché sei grassa e maldestra. E che quando hai sentito quelle scatenate, all'unisono, coalizzarsi contro di te, invece di darsela di santa ragione, avresti preferito sprofondare chissà dove. Dove poi e per chi? Annullarti per loro, teppiste che litigano perché una si è rubata il filarino dell'altra? Ragazzine che i genitori lasciano per strada fino a tardi, senza mai chiedersi che cosa fanno, con chi escono, di cosa parlano se non di amorucci e storie varie? Non è facile essere genitori oggi, Giulia, e lo capirai fra qualche anno. Quando anche tu sarai combattuta dal vietare o concedere qualcosa ai tuoi figli. Ci rimproverate troppo spesso di tarparvi le ali, di non lasciarvi abbastanza libere. A sedici anni vi sentite già grandi. Poi hai visto, come ieri sera, che cosa può ancora succedervi. Dobbiamo ancora tenerci per mano, Giulia mia adorata, forse perché entrambe siamo spaventate da questo mondo che ci sta davanti. Perché né io né tuo padre abbiamo la ricetta magica in mano per dirti 'Va, Giulia, per la tua strada e non guardarti indietro'. Sei ancora troppo indifesa, credimi, ma anche noi non siamo poi così forti. Anche a noi capita di venir insultati. I termini sono altri ma, stanne sicura, colpiscono con altrettanta efficacia. Credi non faccia male, in ufficio, quando un collega ti apostrofa con un 'incapace' solo perché un cliente se n'è andato o non abbiamo messo a punto il preventivo vincente? Quindi tratta le mocciose di ieri come faccio con i miei colleghi. 'Poveretti' penso di loro. E tiro dritto. Ti saluto perché altrimenti faccio tardi. Buona giornata, 'cicciona' mia".

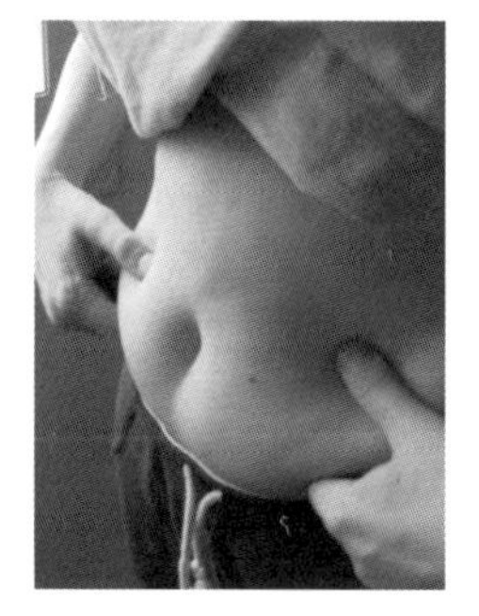

L'amico fasullo

Eccolo, di nuovo che guarda da questa parte. L'ennesima occhiata.
E non è l'unico... a volte mi domando se ho qualcosa di strano o buffo addosso. Con tutte queste curve di montagna non avrò un bel colorito roseo ma a loro cosa cavolo interessa? Magari invece mi è caduta un po' di marmellata della colazione sui vestiti. O forse il mascara è colato. Oggi c'è un'umidità nell'aria, potrebbe essere. Sì, dai, mi sono sicuramente sbavata il trucco. Non posso aspettare di arrivare in camera ad Andalo però, mi sento troppo osservata.
"Silvia, ce l'hai ancora lo specchietto che ti abbiamo regalato per il compleanno?"
"Certo Ele, eccolo".
"Per caso ho qualcosa in faccia? Non fanno che guardarmi tutti".
"Non fare la finta tonta, lo sai perché ti guardano" interviene qualche sedile più avanti Alice, l'antipatica per eccellenza. "Forse se fossi bassa, grassa e meno appariscente nessuno ti calcolerebbe, ci hai mai pensato?".
Un giorno di questi le rispondo per le rime, non la sopporto davvero più. E tu, magari, se avessi più cura di te e ogni tanto ti sforzassi di essere un minimo gentile e interessante a tua volta riceveresti qualche sguardo: ci hai mai riflettu-

to sfigata e invidiosa? penso. Per fortuna che in gita non l'hanno rifilata a me. Condividere la stanza con Silvia sarà divertente, lei è così estroversa e alla mano, una persona davvero piacevole. Staremo benissimo insieme.
Ieri mi ha confessato che è piuttosto presa da un nostro compagno di classe, Davide. Non è il mio tipo ma ammetto che ha un bel modo di fare e un bel carattere. Soprattutto è il migliore amico di Arturo che io adoro, l'unico ragazzo dell'intera scuola che non mi guarda e tratta come una preda da cacciare a tutti i costi, neanche fossimo nella savana. Si incontreranno stanotte nella camera di Davide, chissà cosa succederà. Sono felice per lei, non vedo l'ora che mi racconti tutto. Per fortuna che manca poca strada, queste curve sono insopportabili... quasi quanto Alice.
Arriviamo tardi, una pizza tutti assieme, una passeggiata in paese e i professori ci accompagnano alle camere. Tempo una manciata di secondi che tutti abbiano chiuso le porte e Silvia 'sparisce', silenziosa ma con un sorriso a 32 denti. Disfo la valigia e mi rendo conto che ho dimenticato a casa l'iPod. Stupida me. E per fortuna che dicono che noi svizzeri siamo precisi. Toc, toc. Ah, ecco Silvia, avrà dimenticato qualcosa. Meglio, così mi faccio prestare il suo iPod. Ma non è Silvia, è Alberto, quello che stamattina, e non solo, mi ha piantato il suo sguardo da ebete addosso per tutto il viaggio. Inquietante a dir poco.
"Ciao, hai bisogno di qualcosa?"
"Indovina di cosa...".
È un attimo. Mi spinge in camera contro il

muro, chiude la porta e mi tappa la bocca con una mano. Non ho nemmeno il tempo di reagire che sento l'altra frugarmi addosso. Non posso crederci che stia succedendo per davvero e a me. Sento la cattiveria di Alberto crescere, non è padrone di se e io non sono più padrona del mio corpo. Calcio con tutta la forza che trovo, tiro pugni ma lui non sembra nemmeno accorgersene, grande e grosso com'è. Riesce ad alzarmi la maglia ma per farlo un attimo mi toglie la mano dalla bocca. Quell'attimo mi basta. Urlo con quanto fiato riesco a raccogliere ma Alberto rimedia subito alla sua distrazione e mi stringe la faccia nella sua manona. Senza dubbio mi sta facendo male ma non sento niente. Non percepisco dolore fisico, solo quello morale, interiore. Sono disperata e chiudo gli occhi, quasi a nascondere al mondo, ma soprattutto a lui, che sto piangendo. Poi, all'improvviso, molla la presa ferrea che fino ad ora ha mantenuto su di me e mi lascia. Ho quasi paura a guardarlo. Devo provare sollievo per questa inaspettata mossa? E se stesse solo facendo una pausa per ridere di me e tornare più carico di prima? Voglio una risposta e subito. Alzo lo sguardo ma non è lui che vedo, è Arturo. L'ha sbattuto a terra e lo tiene bloccato. Gli sta urlando qualcosa, sento solo qualche parola. Bastardo, stronzo, ti ammazzo. Gli angeli non parlano così ma per me lui non può che esserlo. Chi trova un amico trova un tesoro si dice... Arturo lo è per davvero.

Il treno abbandonato

Non avere paura, non avere paura. Sangue freddo, sempre. Se ti beccano ma tu sei sicuro di te cosa possono dirti? Se poi proprio non riesci a convincerli almeno confondili.
"Bene ragazzo, o forse è meglio chiamarti in altro modo... incendiario, ti va bene? Siamo qui e ci staremo finché non sputi tutto...l'intero rospo, te lo assicuro. Avanti, comincia... racconta".
Mamma e papà sono di fianco a me, non dicono nulla. Di solito sono sempre pronti a prendere le mie difese, anche a scuola. Che succede? Io non parlo, magari gli altri due stanno zitti come me e finisce tutto qui. Anche se di quel tonto di Mario mica mi fido. Nel dubbio... come nel gioco degli scacchi, mai fare mosse azzardate.
"Te lo dico io allora cosa è successo, ti rinfresco la memoria. Tu questo pomeriggio... sul tardi... eri allo scalo di San Donato con due amici. Lo sai che non potevate stare in quel posto? Si chiama area vietata, c'è un cartello bello grosso. Che l'abbiamo messo a fare?".
Silenzio, da me otterrai solo silenzio. Vediamo chi vince la partita.
"Tralasciando questo aspetto, un passante vi ha notato con una torcia in mano vicino a quei treni abbandonati. In questi mesi, lo sappiamo bene, l'hai visto anche in tv, sono stati più di

una volta il bersaglio di simpatici giochi da piromani... ma qualcosa mi dice che tu questo lo sappia molto bene. Qui siamo entrati in azione noi della Polfer. Un pochino troppo tardi, lo ammetto, perché siete riusciti a scappare. Però, il mio furbetto, vi è andata male lo stesso".
Si, porca miseria, ci è andata male. Ma solo perché Mario vive sulle nuvole e si è fatto prendere, stupido idiota. Ma tanto da me non avrai nessuna conferma signor 'so tutto io'.
"Ancora non dici nulla? Continuo sempre io, nessun problema. A quel punto eravate riusciti a prendere al volo il 14C che, purtroppo per voi, non punta all'infinito. Infatti siete scesi e sono rientrati in scena i miei colleghi. Il tuo amico con gli occhiali, Mario mi pare, ci ha raccontato tutto. Quindi se non ti dispiace vorrei sapere anche dalla tua bocca cosa avevate intenzione di fare".
Lo sapevo che quello scemo raccontava tutto, lo sapevo! Non ci voleva. Ero riuscito a nascondere ogni prova. La torcia sotto una carrozza, i fiammiferi e l'accendino buttati per strada. Ok, questa volta la stavamo facendo grossa, mica come l'anno scorso che ci era preso il periodo di attaccare il nastro adesivo ai citofoni. Ma a maggior ragione, visto che quest'anno correvamo qualche rischio in più, quello stupido doveva cucirsi la bocca, negare tutto. Appena lo becco...
"Non so quanto vuoi andare avanti con il silenzio degli innocenti però nessuno di noi, nemmeno i tuoi genitori credo, ha tempo da perdere. Anche se non parli sei in guai grossi, giusto perché tu lo sap...".

"Ispettore, lasci stare, anche l'altro ha confessato". Scacco matto. Per me però.
Nulla da fare. Noia. Tedio. Il senso non cambia. "Non sapevamo come occupare il tempo". E non si sa nemmeno se ridere per non piangere, oppure aprire i rubinetti dei dotti lacrimali proprio perché ridere è senza dubbio fuori luogo. Stasera a cena, per una volta, non sono io a tenere banco con le mie cretinate. Al centro del mirino c'è mio fratello.
"Quindi la morale di questa storia è che, per colpa delle tue giornate 'così monotone', io e tuo padre adesso dobbiamo pagare ben 516 euro di multa? E sorbirci le conseguenze di una denuncia a tuo carico per tentato danneggiamento di uno stupido treno abbandonato... Non ci posso credere".
Il piccolo di casa, la mascotte come veniva chiamato in famiglia fino a ieri, è un piromane. Non uno qualsiasi per giunta. Un piromane seriale, a quanto pare, che gira in banda con altri due scapestrati come lui. Ancora tutto da dimostrare, certo, il collegamento tra l'episodio di oggi e quelli dei mesi scorsi. Ma il silenzio che Paolo, Paolino, fa cadere quando si affronta questo discorso sembra più eloquente che mai.
Inutile continuare a sommergerlo di domande. Tanto, se fosse davvero così, cioè che il mio fratellino da giugno ad oggi si è divertito a procurarsi qualche brivido a discapito di alcuni vagoni vecchi e polverosi, il movente sarà sempre quello: non avevano niente da fare.

Il profilo falso

Noia. Quella che ogni sera, puntuale, mi assale dopo cena. I compiti sono fatti, in televisione non c'è niente (tanto per cambiare) e uscire non si può perché domani c'è scuola e comunque "non se ne parla, dovrai aspettare ancora un po', signorina, per uscire più di una volta a settimana". Quella volta è poi la pizza del sabato sera a casa di qualche amica. Stop. Allora per forza che mi rimane solo Facebook. Stasera ci ritroviamo online in un gruppetto di amici per decidere che film andare a vedere sabato prossimo. E c'è anche questo tipo, Luca, piuttosto insistente che mi rompe le scatole ma che nessuno conosce. Prima fa partire una videochiamata sperando che io accetti, poi mi tartassa di messaggi. Vuole incontrarmi 'per un gelato, dai, così ci conosciamo'. All'inizio sono gentile, non voglio mica fare la stronza altezzosa... ma è davvero fastidioso. Troppo. Scocciata perché anche la parentesi Facebook è stata rovinata saluto tutti e vado a letto.
Non faccio in tempo a spegnere il mio smartphone che arriva un messaggio da un numero che non conosco. Non ci posso credere, è lui! Maledetta quella volta che nel mio profilo ho aggiunto anche il recapito telefonico. "Voglio conoscerti a tutti i costi, non mi scappi! Domani ti chiamo". Mi assale un po' di inquietudine. Non

mi piace affatto questo tipo, non lo conosco io e non lo conoscono nemmeno i miei amici, come fare a toglierselo di torno? Decido di non rispondere ora e tantomeno in futuro. Si stuferà prima o poi se non gli do corda, no? La strategia sembra funzionare. Per una settimana rifiuto le chiamate e ignoro tutti i suoi tentativi di mettersi in contatto con me. Nonostante tutto sono molto agitata. Vorrei raccontarlo alla mamma, non al papà perché c'è così poco dialogo con lui. Alla fine però decido di lasciar stare. Alzerei un inutile polverone e magari poi mi confiscano pure il computer. Non se ne parla!
Per fortuna dopo qualche giorno di silenzio stampa da parte mia Luca getta la spugna. Finalmente, un pensiero in meno! Ammetto di essere fiera di me, per una volta mi sono dimostrata più furba della ragazzina media. Tempo qualche giorno e mi dimentico addirittura di lui. Un mese dopo, però, rieccolo. Il mostro di nuovo alla carica. «Se pensi che mi sia scordato di te ti sbagli di grosso. Guarda che so dove abiti. Visto che non vuoi avere a che fare con me di persona mi accontenterò di una tua foto svestita. Se non lo fai e alla svelta giuro che mi piazzo sotto casa tua e ti faccio vergognare davanti a tutto il condominio. Ti rovino. La mia è una promessa. Io le promesse le mantengo».
Panico. Terrore anzi. Una sensazione mai provata prima. Di cosa dovrebbe farmi vergognare? Non ho mai fatto niente che potesse scandalizzare qualcuno, me o la mia famiglia. E se mi avesse fotografato sotto la doccia in piscina come è successo a quella povera ragazza un po' di tempo fa? Ha il coltello dalla parte del manico

e non voglio correre rischi. Con le lacrime agli occhi e un batticuore infinito mi svesto, scatto e mando la foto. Mi pento all'istante ma non avevo altra scelta mi ripeto. No, non ce l'avevo. Il giorno dopo a scuola capisco di essere stata una stupida. Altro che furba... Le amiche mi corrono incontro, gli occhi sbarrati, «ma cosa hai fatto? Sei impazzita?». Mi guardo intorno e per poco non svengo. La mia foto, proprio quella, è nelle mani di tre quattro ragazzi più grandi che ridono e mi indicano. Le parole nei miei confronti si sprecano. «Una facilona, lo sapevo io», «Ma dai, cresce bene la piccola eh?!» Il batticuore e le lacrime di ieri tornano. Non mi sento affatto bene, non voglio vedere nessuno ripeto a tutti in preda all'isteria ma la polizia sta arrivando e con loro mia mamma. Piange più di me. Ha scoperto tutto per caso stamattina, dice. «Mia figlia era strana da ieri, le mamme queste cose le sentono. Dovevo controllare». La curiosità delle mamme non si ferma davanti a niente pare, nemmeno di fronte ad una password stupida che porta il nome del nostro cane.
Il mondo mi crolla addosso. Sono stata fregata, mi spiegano, da un pedofilo viscido che, con un profilo falso, ha giocato questo scherzetto a tante ragazzine come me. «Lo prenderanno, vedrai». Ma a me questo non basta, così come non basterà cambiare scuola, amici, numero di telefono. Non credo basterà mai niente. Il mostro ha mantenuto la sua promessa.

TICKET

DOUBLE
DIAMOND

BAR

Gioco quindi sono

M'hanno chiesto (no, non è una punizione, è lo psicologo che vuole che io racconti... per liberarmi, ma anche per aiutare i miei coetanei) di scrivere il perché sono finito nella morsa del gioco. L'avete visto anche voi sui giornali: a San Lazzaro hanno proibito le macchinette perché sta diventando un fenomeno di massa. E quando il gioco diventa patologico è una brutta bestia... Hanno fatto bene, mi verrebbe da applaudirli. Ma sono arrivati, anche loro, in ritardo. Perché lo sanno tutti che, da anni, c'è gente che si rovina, che toglie i soldi a casa, che fa mille lavoretti, compresi i ragazzi, per poi andare a sputtanarsi tutto al bar o in sala giochi.
Ma tu come ci sei cascato, mi ha chiesto quello che mi intervistava per la prima volta (poi, i miei, mi hanno proprio messo in cura da uno specialista), chi ti ha lasciato giocare visto che hai solo 15 anni?
Quasi quasi ridevo. Non l'ho fatto perché mi hanno detto che con lui dovevo confidarmi, aprirmi. 'Vuota il sacco, starai meglio... ce la puoi fare' mi hanno ripetuto per giorni e settimane. Come se io fossi il 'caso' del secolo, il ragazzo perduto, la pecora nera del gruppo, della scuola...
Certo, ci ho dato dentro in questi ultimi tempi.

E ho buttato via un sacco di soldi. Ma come me, ve lo assicuro, ce ne sono mille, duemila. Marco, Giovanni, Romeo... sono pochi quelli che non giocano. "E dove li trovate tutti questi soldi?" mi hanno chiesto. Si trovano, si trovano. Ed è più facile di quanto potreste credere. Si va a piedi a scuola invece di fare l'abbonamento, si risparmia su tutto, si rivende persino un paio di scarpe, una tuta nuova regalata per il compleanno... "E i tuoi non se ne accorgevano?". Ma cosa volete che se ne accorgano... Tornano a casa tardi, sono stanchi morti, mangiano e poi si addormentano davanti alla tv. "E la tuta nuova?". Basta rispondere che l'hai messa ma ti stava stretta e che quella vecchia non è poi così malaccio. Oppure che l'hai prestata a un amico... Gli va bene tutto quando sono stanchi, basta non porgli dei problemi.
Tu pensi, sulle prime, che sei un poco di buono, che ai tuoi non dovresti raccontare così tante palle. Poi ti ricordi di quando hai cominciato...
Sì, perché ho cominciato... grazie a mio padre. Gioca anche lui, da sempre. Meno di quanto ho giocato io in questi mesi, è vero. Lui è metodico, saggio. Ma i soldi se li beve anche lui.
Eravamo al bar, domenica mattina. Le slot stanno dietro, vicine alla cucina, lì dove riscaldano i piatti. C'è una colonna che ti ripara da sguardi indiscreti. Così, se arriva qualche controllo, i titolari hanno tutto il tempo di bloccarli con un caffè mentre noi ci mettiamo a sfogliare un giornale.
Quella domenica, era l'aprile scorso, poco prima di Pasqua, mio padre era euforico. Ci siamo avvicinati alle macchinette, ha cominciato

a giocare, poi mi ha dato un gettone e mi ha detto "Prova, è divertente...". Poi un altro gettone, ho vinto qualcosa, insomma siamo stati lì fino all'ora della messa.
Ho vinto qualcosa. Niente male, mi sono detto, 'sti giochini.
Nei giorni dopo sono tornato da solo. Sono alto uno e settantacinque, molti mi prendono per un diciottenne, ho anche un accenno di baffi. Lui, il titolare, conosce bene mio padre. A volte vanno anche a caccia insieme. E quando ho chiesto i gettoni mi ha detto solo "Se arriva qualcuno smetti subito... altrimenti ci multano. Ti faccio un fischio, va bene?"
Ho giocato e vinto. Una mattina anche una bella sommetta. Me ne sono vantato a casa con mio fratello. Lui è andato a riferirlo a mia madre. E lei, qualche giorno dopo, mi ferma sulla porta di casa e mi dice: "Mi dovresti prestare dei soldi... solo un giorno, poi te li rendo".
Mi sono sentito sprofondare. Avevo già perso tutto. Sì, alla stessa slot dove li avevo vinti. Ho detto che li avevo dati in beneficenza, non ci ha creduto. Figurati.
Le madri lo sanno sempre, sembrano degli 007. E lei sapeva bene dove andare a parare, porca zoccola. "Adesso te la faccio passare io la voglia. E la farei passare anche a quell'idiota di tuo padre che ti ha messo su questa strada... a quindici anni".
Da quel giorno sono sorvegliato a vista...

Tilda
Tilda
Sainsbury's
Sainsbury's
müller rice

Furto con destrezza

Chi non l'ha mai fatto alzi la mano. Poi ci si divide in due squadre: quelli che lo fanno abitualmente e non li beccano mai e quelli che lo fanno, magari anche una volta sola, e li pizzicano subito. Con tanto di denuncia, magari.
Rubare in un grande magazzino credo sia lo sport più diffuso al mondo. Certo, di questi tempi, molti lo fanno per sopravvivere. E noi, che siamo svegli, li sgamiamo subito. Li vedi soprattutto nei reparti dove c'è il mangiare, vicino al bancone del prosciutto e dei formaggi. Le buste si nascondono bene, strappano veloci l'etichetta e il gioco è fatto. Spesso li prendono, ma perché vogliono fare i furbi... Uscire senza pagare nulla, proprio nulla. Ed è lì che ti fregano. Qualcosa bisogna pur comprare, magari da poco. Arrivi alla cassa, sbuffi anche per la coda. Li fai contenti, insomma. Proprio come un cliente vero. E in tasca, intanto, hai due o tre pezzi buoni.
Lì dove andiamo noi il direttore è di quelli simpatici. Quando becca un poveretto che si vede benissimo che non ha un euro che sbatte contro l'altro non sta a chiamare la polizia o i carabinieri.
Si fa promettere che non lo faranno più e li lascia andare. Magari anche con qualche fetta

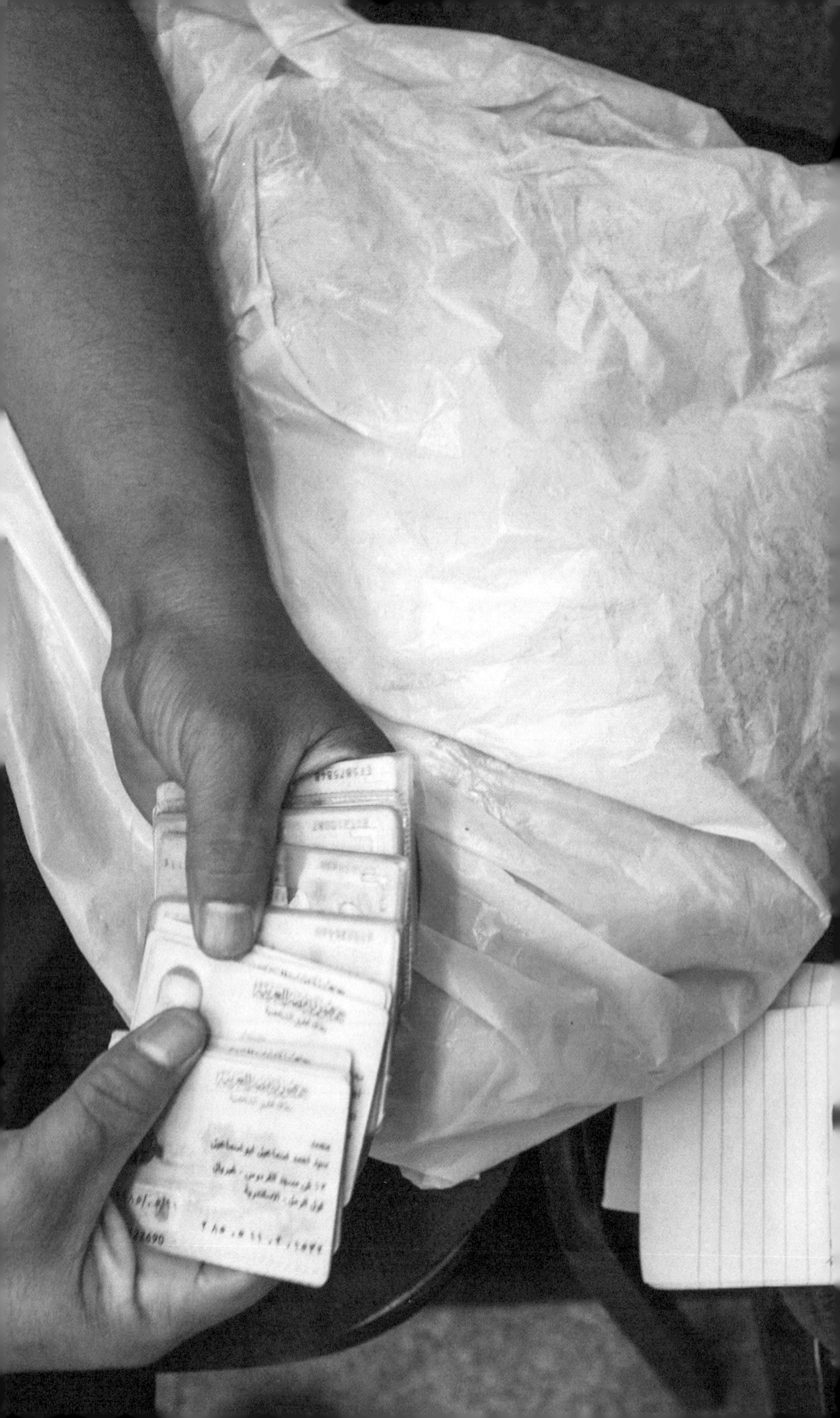

SAMSUNG
NOKIA

di salame o con mezzo litro di latte. Sa che lo fanno perché non possono fare altro, perché altrimenti morirebbero di fame.
Noi a casa, fortunatamente, abbiamo sempre di tutto. E quindi bazzichiamo in altri reparti. E' cominciato con i dolci, devo confessarlo. Quei torroncini che vendono a pacchi per le feste, ricoperti di cioccolato. Rapidi, un gesto da professionista e poi via a scartare. Mangi, guardi gli scaffali, fai attenzione di non trovarti nel raggio della telecamera (ma intanto, di là, non c'è nessuno che le guarda, servono più che altro per spaventare o per avere delle prove se capita qualcosa di serio, tipo una rapina), passi a un altro torroncino. Fino a quando non sei sazio. Nessuno se ne accorge, provato al cento per cento.
Ma non puoi sempre stare a mangiarti dei cioccolatini. E quindi passi al reparto cancelleria. Calcolatrici, righelli, astucci, insomma quello che ti serve per la scuola.
Il guaio è quando, come è capitato a me proprio perché quel pomeriggio non c'era nessun altro in giro, ci vai con uno che queste cose non le ha mai fatte. Così è stato con Valter.
Gli spiego tutto ma lui, già prima di entrare, tira il culo indietro, scusate l'espressione. Perché lui non è bravo, perché è timido, perché 'i miei pensano che stia a fare i compiti'. Insomma un sacco di palle. Tu lo convinci, lo tiri per la giacca, riesci a portarlo dentro. Ma lui sta lì come un sacco di patate, bianco come uno straccio. Tu gli fai vedere come si fa, gli dici che lo fanno anche i grandi, che non c'è sorveglianza...

Lui parte a razzo, proprio per darsi coraggio, e subito esagera. Tre righelli, tre confezioni di matite, insomma tre di tutto. Con la roba che gli spunta dalle tasche. E, guarda caso, quel giorno c'è uno che non hai mai visto e che ti mette una mano sulla spalla. 'Venite con me'. La voce è bassa, sembriamo i suoi nipoti, nessuno nota il terzetto che si dirige verso il fondo del magazzino, là dove ci sono le cabine per provarsi i vestiti. Ci lasciano per qualche minuto dietro la tenda, io dico a Valter di stare tranquillo, che non succederà niente.
Lui comincia a sudare. Il sorvegliante, intanto, è andato a chiamare il direttore. Che oggi, lo si vede subito, non è per nulla gentile e comprensivo. 'Voi non rubate per la crisi, siete dei ladruncoli e basta. Per giunta anche poco furbi'. Lo sguardo gli cade sulla tasca di Valter, sui pennarelli che spuntano. "Nomi e cognomi. E l'indirizzo. Stavolta ci siamo rotti le palle...". Valter si butterebbe in ginocchio, lo so. Piange già. Non riesce nemmeno a parlare. Poi spara tutto, nome, indirizzo, persino il cellulare del padre.
Io pure cedo. Ma mentre vuoto il sacco vorrei ridere perché è tutto rigorosamente taroccato. Loro vanno di là, noi sempre dietro la tenda. Quando tornano sorridono: "Stasera vi conceranno per le feste... Andate pure".
Povero Valter. Ah, se nasceva furbo.

EDUCATION

L'allagamento

"Ti devi fidare. Se ti dico che non c'è nessun rischio devi credermi..."
"E se poi..."
"E se poi cosa? Siamo più di mille, perché dovrebbero pensare proprio a noi?"
"Perché non mi fido..."
"No, dì pure che te la fai sotto. E che a questi stronzi non vuoi fargliela pagare... Ma lo vedi come ci trattano ogni giorno? Come delle merde... E tu stai lì che ci pensi, ci pensi..."
"E quale sarebbe poi questo piano geniale? Te lo ripeto, se si rischia di finir sospesi io non ci sto... Vado male ma forse me ne danno solo due o tre, non mi bocciano mica..."
"Non è solo per i voti, per le due verifiche di seguito che ci hanno piazzato... Stavolta gli facciamo saltare tutto, voti, verifiche e... li stanghiamo. Così imparano..."
"Ma intanto quelli, lo sai bene, appena passata ricominciano daccapo. E noi rischiamo..."
"No, no. Te lo garantisco io che stavolta finiamo sui giornali, che qualcosa cambierà davvero, che dovranno chiamare i nostri e spiegare perché è successo..."
"No, io non ci sto. Trovati qualcun altro... Troppi rischi, i miei mi chiudono in casa per un anno..."
Alla fine l'ho trovato. Denis è messo peggio di me e ha accettato subito. Non vedeva l'o-

ra di far 'saltare' la scuola. Non li può proprio vedere questi qui. Ci massacrano le palle, la vita. Ci hanno preso per degli zombi, per degli schiavi. Nemmeno fossimo in un carcere. E non gli va mai bene niente. 'Non hai studiato, dove credi di essere, in una sala giochi?', 'Potevi fare di meglio', 'Non ti applichi, lo dirò di nuovo ai tuoi'. Sempre minacce, mai un voto decente. Denis la pensa come me. E sono certo che sono oramai in tanti che 'sta scuola proprio non la possono soffrire.
Domani sera. Sì, facciamo tutto domani sera. Altrimenti partono le due verifiche... e allora è tutto inutile.
Graziano passa per l'ultimo controllo alle sei. Parte dalla palestra poi sale per le scale e chiude tutte le classi. Per ultimo va nell'aula di informatica e spegne i computer. Denis è rimasto dentro dopo l'ultima ora di ginnastica. Gli ho detto di nascondersi dentro l'armadio delle scope, quello vecchio. Graziano adesso mette tutto nel nuovo ripostiglio, là non ci guarda più... Mancano pochi minuti, adesso deve aprire tutti i rubinetti dei bagni del primo. In un quarto d'ora sarà una piscina...
Ho aperto tutto. Sembrano le cascate del Niagara. Pare di stare in un film. Tutto buio, silenzio, l'acqua che scroscia come da una fontana. Voglio vedere domani quando aprono la stanza dei prof... Se viene giù tutta notte sai che bazza... Gli ci vorranno due o tre giorni per asciugare... E ciao verifiche...
Sono finiti sui giornali, questo è vero. E ho fatto bene io a non starci. Perché Riccardo si crede tanto furbo e Denis è un mezzo scemo. Ero

sicuro che li beccassero. E così è stato. Bastava pescare tra i peggiori e il gioco era fatto. Li hanno convocati tutti, quei venti che, si sa, potevano pensare una stronzata come questa. Ci hanno messo due giorni. C'erano delle facce... Anche quelli che non avevano fatto niente uscivano con gli occhi gonfi... come se avessero pianto.
M'hanno detto che Riccardo ha fatto il bullo fino all'ultimo, che sorrideva. C'è stato tre ore in presidenza. Prima rideva, dava anche del cretino a tutti 'ma cosa pensavano di fare? E che dopo non li avrebbero beccati?'.
Alla fine gli è scattato qualcosa dentro e ha cominciato a far scena muta. Non rispondeva più alle domande, sembrava morto.
Dicono che ci vogliono cinque o seimila euro. E che l'umidità nei muri resterà per dei mesi... Poi daranno una nuova mano di vernice.
La novità, l'hanno scritto anche i giornali, è che pagheranno i genitori di Riccardo e di Denis. E credo sia una delle prime volte in Italia. Bocciati e con tutto da pagare, che sfiga...

Lettere anonime

Deve andare via. Deve andare via. Via,via,viaaaaaaaaaaaaaaaaa. In questa scuola non ci deve più stare, non ci deve più passare, mai più metterci il becco. Perché è lei che merita di essere bocciata, radiata, cacciata. Nella vergogna più totale.
Nessuno deve mai più essere insultato come lei ha fatto con me. Davanti a tutti. Umiliata. Per sempre. Io che le volevo bene, che la difendevo anche quando tutti dicevano che era una stronza, una sadica. E invece lei con chi se l'è presa?
Proprio con me. E non mi ha chiamato da una parte, no, mi ha sputtanato davanti alle mie migliori amiche. Deve pagarla, marcire in un pozzo, sentirsi per sempre una merda. E ci riesco, ci riesco. Perché come è stata carogna con me, io lo sarò con lei. Deve sparire, sparire, sparire dalla faccia della terra, della terraaaaaaaaaaaaaaaaaa.
"E dove l'hai trovato quello?"
"Il rossetto?"
"Sì, il rossetto. Ma che colore... Sembra quello che metteva la Villari..."
"E infatti l'ho trovato in fondo al suo armadietto... Mi serviva uno spazio in più per i libri e la preside m'ha detto di usarlo, tanto non serve a nessuno..."

STONCOLINE
DESTROY
THRU

"E la Villari? Ne hai più saputo qualcosa?"
"No, dicono che si è trasferita in un'altra città..."
"Perché?"
"Ha provato a restare qui, ma poi non ce l'ha fatta più. Una collega del Fermi m'ha detto che si sentiva sempre osservata... come se tutti sapessero. È brutto quando ti senti sempre in vetrina. Magari non se la filava nessuno poi... Ma lei ci stava male, mi diceva quest'amica..."
"Io l'ho sempre difesa. Per me hanno messo in giro un sacco di balle. Era carina, magari una cotta per quel ragazzino ce l'aveva per davvero. E' capitato anche a me, non te lo nascondo. Ti stanno lì davanti tutto il giorno, ti guardano con quegli occhioni spalancati, come se fossero cotti di te. Ci sta che ogni tanto qualche pensiero ce lo fai. Adesso ne ho uno in quinta... che se lo vedessi... Anche tu... ci faresti un pensierino"
"Ma la Villari dicevano che fosse andata un po' oltre il pensierino. Che quello lì l'avesse pure invitato a casa un paio di volte per ripassare. Ripassare poi... che ne sappiamo che idee aveva in testa..."
"Magari non è successo mai niente. Ma fai che era carina, mettici che era separata. Non abbiamo poi questa mentalità così aperta... Basta che una sia gentile con un ragazzo ed ecco che spuntano subito i veleni..."
"Tre lettere anonime non sono poche. In più belle circostanziate. Con l'ora in cui il ragazzo entrava in casa e l'ora in cui usciva. E i particolari poi... Certo era proprio qualcuno che le voleva male, che gliel'aveva giurata..."
"Capita. Bisogna stare in guardia. Io però mi

sarei difesa. Se la Villari non aveva fatto nulla doveva andare più in alto, pestare i piedi...."
"Ma sai com'era fatta lei. Gentile, raffinata, sempre modesta. E' facile fregare una come quella. Alla fine si vede che non se l'è sentita più di ribattere alla preside. E sono certa che di lettere ne sarebbero arrivate tante ancora..."
"Ah, sicuro. Quei vigliacchi che ti vogliono rovinare sanno bene che prima o poi crolli. Sono dei viscidi, vivono solo per vederti rovinata. E se poi sei una persona sensibile sei fregata..."
"Mi è dispiaciuto... perché era anche brava. Un paio di sere siamo andate a mangiare una pizza e mi ha raccontato tante belle cose sui suoi studi, sulla famiglia. Leggeva molto sai?"
"Che peccato... Davvero... Non se lo meritava... Davvero".

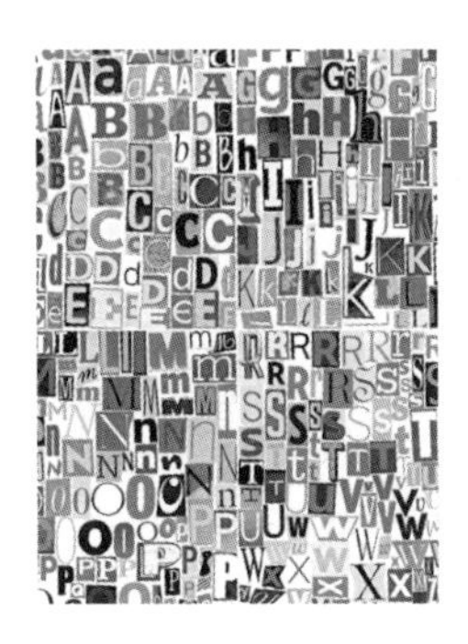

Danza macabra

Non vi odio, anche se vorrei tanto riuscire a farlo. Dentro di me c'è solo amarezza. E rabbia, rabbia, una rabbia che non si placherà ma che non chiede altre vittime. Ed è per questo che ho deciso di scrivervi questa lettera aperta. Perché sappiate che cosa succede in una famiglia come tante, come la vostra, il 'giorno dopo'. Quello che avete fatto a mio figlio rimarrà, per tutti noi, una piaga sempre aperta. E non mi interessa sapere se la violenza è rivolta verso un uomo, come nel nostro caso, o contro una donna. Sempre violenza è, sempre esecrabile, sempre un ribadire che voi state, secondo un pensiero distorto, dalla parte della ragione in quanto 'normali' e lui da quella del torto perché 'diverso'. Ragazzi si sono suicidati perché insultati, violentati, banditi dal gruppo. Ragazzi che erano riusciti a scegliere una strada, la loro, quella in cui credevano, e che qualcuno come voi è riuscito invece a portare all'esasperazione. Davide non si getterà dalla finestra perché è Davide, è forte, sa anche capire e perdonare. E soprattutto perché ha dietro una famiglia come la nostra che, seppure con fatica come sempre davanti alle prove ardue che la vita ci pone innanzi, ha la capacità di comprendere, di fare gruppo, come dite voi. Non vi odio ma vorrei. Ve l'ho già detto. Per-

ché avete approfittato dell'ingenuità di Davide e l'avete trascinato in un'aula buia, quando a scuola non c'era più nessuno che potesse prendere le sue difese.
Davide vi ha seguito, mai immaginando che lo

obbligaste, voi, i compagni di tutti i giorni, a spogliarsi davanti a voi. Lui, timido, vi ha pregato di lasciarlo in pace. Senza mai alzare la voce, senza offendervi. E voi l'avete obbligato a furia di calci e spintoni. Persino un pugno

gli è arrivato. Perché, perché, mi domando, in quattro contro Davide, perché prendersela con qualcuno più debole di voi, qualcuno che, a scuola come a casa, non ha mai fatto male a nessuno?
Non riesco a capire, credetemi. Ma non vi siete fermati agli insulti. Non bastava urlargli 'gay di merda' nelle orecchie, fino a stordirlo. Avete voluto sottometterlo completamente, annientarlo, ridicolizzarlo davanti ai compagni, al mondo intero. Che bisogno c'era di obbligarlo a mimare una donna, una donna sguaiata per giunta, riprendendolo col cellulare? Come una danza macabra per quattro allucinati spettatori. Non vi era bastato metterlo a nudo, lì, in mezzo a voi, bagnandogli pure le mutande e la maglietta come avete fatto?
Begli uomini siete. Mezze cartucce, ecco cosa siete. Incapaci di confrontarvi con la 'diversità', con il mondo, con la vita stessa. Davide mi ha raccontato che, in quegli istanti per lui tragici, voi ridevate a crepapelle. Fino a piangere.
Piango, io sì, ma per i vostri genitori. So che non vi hanno cresciuto per questo. Conosco i loro sforzi per farvi studiare, perché nel nostro quartiere ci conosciamo tutti e nessuno di noi si tira le dita. Anzi, ci ammazziamo di lavoro per voi, soffriamo se non riuscite a farcela, se vi vediamo svogliati, se pensiamo anche per un attimo quanto dovrete sgobbare, voi, coi tempi che corrono. E solo per una vita decente.
Difendo Davide, ma non solo da voi. Questo mondo dice di essere tollerante, aperto, progressista. I giovani, poi, dovrebbero essere la bandiera del nuovo, visto che hanno i mezzi

(che noi non avevamo) per capire, aggiornarsi, condividere.
E invece quattro imbecilli come voi ci riportano indietro di secoli, quando tutto quello che usciva, anche minimamente, dagli schemi veniva condannato.
Che cosa ci possiamo aspettare da voi? Che cosa potranno aspettarsi, un giorno, le vostre mogli? Racconterete mai ai vostri figli bassezze come quella compiuta nei confronti di Davide?
Non vi avrei punito, come ha fatto la scuola.
Non serviva sospendervi, minacciarvi con una bocciatura. Vi avrei lasciato soli, nel vostro deserto morale. Banditi da qualsiasi gruppo, da qualsiasi consesso civile.
Non riesco ad odiarvi, ragazzi. Ma vi giuro che vorrei tanto esserne capace.

L'impennata

I nostri lo sanno. Loro sanno tutto. Che tu gli dica la verità o no loro hanno le antenne. E certe volte, quando ti mettono in guardia, sembra che già leggano nella palla di cristallo. Come se avessero già visto il film. E non una ma dieci volte.
E la sfiga ti si incolla addosso.
Loro sanno benissimo che non andiamo, il più delle volte, a fare i compiti da tizio o da caio, come ci sforziamo di far credere. Si vede che ce lo leggono in faccia. Noi li rassicuriamo e loro, senza parlare, sembra che ti rispondano "chi vuoi far fesso?". Perché hanno un sesto senso per i pericoli, perché sanno benissimo che quando esci per andare a studiare da Marco o Giorgio hai un'altra faccia.
Quando si va a fare le impennate forse lo sguardo ci si illumina.
Loro, alla nostra età, avevano altri motorini. La vespa, il malanchino, taroccati anche quelli ma non certo da fare delle impennate. Forse non andavano di moda. Era già tanto, mi racconta babbo, avere due ruote motorizzate sotto il sedere. Magari per andare a prendere il filarino. L'emozione era quella: presentarsi in sella a qualcosa che facesse rumore, sgasare un po' sotto casa di lei... Tutto qui. Poi sotto a fare i compiti.

SHOEI

Noi no. Noi siamo cresciuti al Motor Show, sappiamo tutto o quasi di marmitte, abbiamo l'integrale, conosciamo ogni vite della nostra belva.
E l'impennata al limite è il nostro vangelo. Trenta, quaranta secondi prima di atterrare di nuovo sull'asfalto che ti fanno andare la testa in tilt. L'eccitazione a mille, più di qualsiasi altra cosa al mondo.
Ci vogliono mesi per imparare ma, dopo, guardi tutto dall'alto in basso. Quando arrivano quelli col motorino nuovo di zecca, che sembrano implorarti, tu li tratti come un maestro quelli della prima elementare. E loro, quando ti guardano sfrecciare lungo il vialone su una ruota sola, darebbero tutto per essere come te.
Tu sei la stella, batman, l'inarrivabile. E' così che si gode.
Avrà sei o sette anni. Lo guardo mentre aspetto l'ambulanza e mi sembra Mirko, mio fratello. Lo tengo così quando guardiamo la televisione. Accanto a me ci sono solo i grandi. Due o tre persone accorse quando hanno sentito noi che urlavamo. Non l'abbiamo visto, assolutamente. Lui, il bambino, è di quelle presenze costanti, come fosse un paracarro. Vengono a vederci, solitamente non fiatano. Se ne stanno da una parte con gli occhi spalancati. Noi sfrecciamo, impennata poi indietro, a ricominciare.
Oggi la sfiga era incombente. E non ha colpito me ma Vittorio. Il più bravo, quello che non sbaglia un'impennata, quello che dalla moto riesce sempre a farsi ubbidire. Mai una crepa, mai un'esitazione. Il modello assoluto. Adesso è lì che piange, seduto per terra con il casco

ancora allacciato. Fa pena, lui grande e grosso com'è che piange come un bambino. Le ginocchia sfiorano la visiera, dieci metri da me. Non sapeva che fare, completamente impanicato. Se fosse stato per lui l'ambulanza non sarebbe mai arrivata.
Il bambino lo tengo io, forse perché sono il più freddo del gruppo. Non so esattamente cosa succederà, d'ora in poi. So che i vigili sono arrivati quasi subito. Non ci hanno sgridato, sembravano solo spaventati. Anche loro. Perché vedere un bambino in terra non è certo un bello spettacolo. Non sai chi è, non ha un documento addosso. Non è come un adulto che sai subito chi avvertire.
No, lui è piccolo, chissà come è caduto per terra, se Vittorio l'ha sfiorato. Perché io ho visto solo un po' di brecciolino che schizzava in aria e poi la ruota della moto che, per terra, continuava a girare... Secondi, solo secondi.
E lui lì, per terra. Come addormentato.
Forse ci interrogheranno, anzi certamente. E io racconterò che veniamo qui solo raramente. Quando è vero esattamente il contrario. Ma una bugia in più o in meno, a questo punto...
Forse, i nostri, non ci sgrideranno nemmeno. Basta che il bambino stia bene, diranno.

Graffiti

All'inizio mi piacevano. Colorate, sgangherate, giganti. Scritte apparentemente senza senso, ai margini della città, lungo la ferrovia, sotto il cavalcavia, quello grande, della strada che porta al mare. Ho scoperto che tutte quelle lettere alla rinfusa erano in realtà 'prove d'artista'. Per farsi conoscere e riconoscere dagli altri, anche loro 'artisti' di strada.
Poi mi sono venuti a noia. Soprattutto quando hanno invaso il centro storico, deturpato i portici, coperto senza soluzione di continuità portoni e serrande. Un'unica immensa 'lavagna' che corre lungo palazzi storici e case modeste, senza tenere conto di cosa ne pensano i turisti (che, ho letto, trovano la nostra città accogliente, questo sì, ma troppo sciatta e deturpata) e soprattutto i residenti.
L'inverno scorso mio padre ha speso tremila euro o quasi per rifare la facciata (siamo tre condomini in tutto). Siamo scesi giù a festeggiare con gli operai la fine dei lavori. Era stato fatto tutto a modino, il portone, lo zoccolo, gli scuri di pianoterra. Abbiamo rifatto anche il piccolo tratto di veneziana sotto il portico e quello è costato un battello.
Mio padre voleva mettere una telecamera, lassù nell'angolo. Ma gli altri si sono opposti. "Costa troppo, per il momento abbiamo già speso

abbastanza" è stato il loro commento. E mio padre ha dovuto arrendersi.
Lavori conclusi il giovedì pomeriggio. Venerdì tutto a posto, sabato pure. Domenica, quando usciamo per andare a messa, lo scempio. Spray viola. 'Sob' 'hop', una specie di grosso rapace nero, insomma, di tutto.
Mio padre per poco non rimaneva lì secco. Ha suonato a tutti gli altri condomini, sono scesi, disperati anche loro. "Ci volevano le telecamere – ha tuonato mio padre – ve l'avevo detto...". "No, questi sono vandali – è stata la risposta – non hanno rispetto per nessuno..."
A scuola lo stesso. Tutta la facciata era piena di scritte, una cosa indegna. Si sono arrampicati fino al secondo piano, hanno dipinto persino sui vetri. Così, quando facevamo lezione d'inverno, non passava nemmeno la luce.
Poi hanno deciso, i dirigenti scolastici, di dire 'basta'. Hanno chiamato una ditta specializzata e, in una settimana, la facciata è tornata come nuova. Nuova di zecca.
Per un po' di giorni tutto è andato liscio. C'erano i due partiti, quelli che la trovavano più figa prima, con tutte quelle scritte, e chi approvava la scelta della preside.
Per me la scuola deve assomigliare a una scuola. Non è un posto dove si viene per divertirsi. E' la scuola e basta. Si paga, deve stare in ordine, essere un po' il biglietto da visita di noi studenti.
E' passato un mese poi le scritte sono ricomparse. Prima piccole, poi sempre più grandi. Una qui, una là. La preside voleva sapere. Chi era stato, chi l'aveva aiutato (il nuovo cancello

è alto, come avranno fatto a scavalcarlo, insomma tutte queste palle qua...).
Di solito mi faccio i fatti miei. Ma stavolta mi è venuta voglia, anche a me, di sapere. Forse perché mi sono ricordato di quanto si era incavolato mio padre per i graffiti sotto casa. E così ho trovato Mirko che anche lui era curioso... Ci siamo appostati, una notte di sabato, nel macchinino di Mirko. Mezzi sdraiati, quasi invisibili. La birra in mano, passa un'ora poi due, tre... Alle tre e mezzo sento dei passi. Oltrepassano il macchinino, li riconosco... Alberto, Marco, c'è pure Olivia che fa da palo... Scavalcano e via di scritte. Loro che fanno tanto i fighetti, che se c'è un segno sul motorino alzano il dito e minacciano tutti. Tiro fuori il cellulare e li immortalo. Belli riconoscibili. Con le loro felpine di marca e le all star nuove di pacca.
Lunedì ho portato il cellulare alla preside. Ha visto, li ha riconosciuti. Mi ha detto che ho fatto bene, ha parlato di senso civico.
Io, onestamente, non so se ho fatto bene. Anzi, a volte mi sento un verme. Per il fatto di aver fatto la spia, denunciato tre compagni.
Ma sono contento perché la preside non li ha sospesi. Ha chiamato i genitori e li ha obbligati a risarcire la scuola. Alberto e Marco dovranno, per di più, aiutare gli operai. Davanti a tutti i compagni. Noi a lezione, loro a fare gli imbianchini.

Il portale magico

Parlano piano, ma li sento. Non sono mica scemo. Possono chiudere la porta anche a doppia mandata, tanto questi muri sono di burro.
"Cosa dobbiamo fare secondo te? Mandarlo dallo psicologo? Parlare con lui? Confiscargli il computer? Questa volta davvero non so...".
Vi presento mia mamma. Ansiosa, rompipalle e casalinga/madre profondamente infelice. Di quelle che se hai preso 7 potevi prendere 8 e se hai preso 8 "poteva essere un 9, Marco".
"Non è così grave dai, ci siamo passati tutti noi maschietti. Certo, la figura di merda che abbiamo fatto con gli agenti della polizia postale in qualità di genitori non si dimentica, ma questa è poca cosa... Domani gli rifaccio il discorsetto, imbarazzante ma è mio dovere". Questo è mio padre. Brav'uomo ma vecchio stampo. Il discorsetto di cui parla e che vuole propinarmi una seconda volta me lo ricordo benissimo, come fosse ieri. Per poco non gli scoppiavo a ridere in faccia. Ha abbozzato, colorito e guance viola, qualche parola ad effetto: maturità, piacere, preservativo. Ma ha una minima idea di quello che si trova su internet?! Povero illuso, lui e le riviste che immagino ogni tanto riuscisse ad intercettare da qualche suo amico. Fatti un giro sulla rete, vecchio mio!

"Ma come è possibile che non ci siamo accorti? Era l'altro ieri che leggeva i libri su quel maghetto con gli occhiali, coso... Harry Potter. Ha ancora le lenzuola di DragonBall. Non riesco a credere che frequenti quello schifo di siti hard. È minorenne! Per me lui è un bambino. Il mio..."
Sì, ma le persone crescono mamma, sai? Cosa credi che, se mi vedo i film di Twilight, sono ancora un cucciolo? Ho avuto anche una storia. Di quelle vere, eh, mica scambi di bigliettini e gelatino assieme dopo i compiti per poi andare a casa da mammà. Anzi, vi dirò di più. A pensarci bene credo sia stata propria questa breve ma intensa parentesi con quella stronza di Sonia ad avermi portato su questa strada dei siti a luci rosse. Avete presente un pezzo di ghiaccio? Ecco, questa era lei. Bella, bellissima, niente da dire, ma porca miseria che bastarda. Stiamo assieme ma ricordati che ognuno si fa i cavolacci propri mi ripeteva, come un mantra. E così era infatti. Se fosse stato un film si sarebbe chiamato il grande gelo. Tutto il contrario di quelle donnine del magico portale di internet. Altro che polo nord. Hot line, foto da farti sudare, ragazze calienti, tutte un fuego.
"Ma te che sei a casa tutto il giorno lo vedi mai uscire?"
"Cosa vorresti dire? Guarda che ho da fare, la casa non si pulisce mica da sola. Non ho tempo di vedere quello che fa o che non fa, sai? Comunque, a volte, lo sento parlare al telefono con qualche amico. Due giorni fa è venuto per l'ennesima volta il ragazzino che abita in fondo alla strada per chiedergli se voleva fare un giro in motorino sui colli ma lui niente".

Ma chi me lo fa fare scusate? Uscire per pigliarsi del freddo quando posso stare comodo comodo a casa in compagnia delle mie 'amiche'. Non dicono mai di no, se ti piacciono davvero tanto basta un replay, sorridono sempre e non rompono le palle con stupidi discorsi egoistici. Vi sembra poco?
Certo, non esistono. Non puoi presentarle agli amici, farti figo con lei di fianco. Non la tocchi, non ti risponde. Ma se sono tutte come Sonia allora certo che preferisco investire il mio tempo con queste splendide abitanti di hotlandia.
"Non è normale. Alla sua età si esce, ci si diverte. Ha quindici anni, non ne ha più otto. No, così non va bene. Domani gli parliamo".
No, vi prego. Questo no. Posso sopportare tutto. I silenzi imbarazzanti, le uscite pomeridiane ogni tanto per farvi contenti. Se volete vi faccio anche controllare la cronologia qualche volta (tanto voi non sapete di certo che con un clic cancello quello che mi pare). Ma la lavata di capo no. Giuro che non entrerò più in siti proibiti dalla legge, ve lo prometto, ma il terzo grado... quello no. Beh, tanto per domani magari cambiano idea. Scommetto che alla fine non trovano il coraggio.
"Io vado adesso. Non ci dormo la notte altrimenti".
Porca miseria. Adesso?! Uff.

Sommario

17 Lo stradone

I ridicoli 23

27 L'armadietto

Una brutta da difendere 33

39 La foto

La sbandata 45

51 La vendetta

La spia 57

61 Lo spinello

Le foto 67

71 L’aggressione

La cyber bulla 77

83 La cicciona

L’amico fasullo 87

91 Il treno abbandonato

Il profilo falso 97

101 Gioco quindi sono
Furto con destrezza 105
111 L'allagamento
Lettere anonime 117
123 Danza macabra
L'impennata 129
135 Graffiti
Il portale magico 139

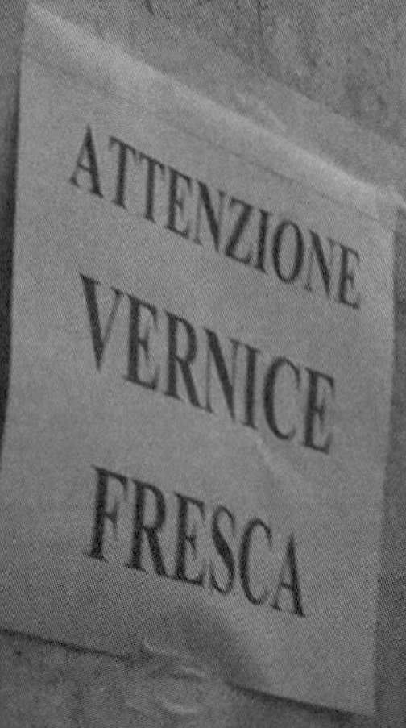
ATTENZIONE
VERNICE
FRESCA

Finito di stampare
nel mese di Dicembre 2013